简明中国传统文化

A Concise Introduction to Traditional Chinese Culture

主编 袁小陆 刘小佳

西安交通大學出版社
XI'AN JIAOTONG UNIVERSITY PRESS

图书在版编目(CIP)数据

简明中国传统文化 = A Concise Introduction to Traditional Chinese Culture :汉文、英文 / 袁小陆，刘小佳主编. --西安 : 西安交通大学出版社，2025. 5. -- ISBN 978 - 7 - 5693 - 3944 - 4

Ⅰ. K203

中国国家版本馆 CIP 数据核字第 2025YA6574 号

简明中国传统文化

A Concise Introduction to Traditional Chinese Culture

主　　编　袁小陆　刘小佳

策划编辑　李　蕊

责任编辑　庞钧颖

责任校对　高海梦

装帧设计　伍　胜

出版发行　西安交通大学出版社

（西安市兴庆南路 1 号　邮政编码 710048）

网　　址　http://www. xjtupress. com

电　　话　(029)82668357　82667874(市场营销中心)

(029)82668315(总编办)

传　　真　(029)82668280

印　　刷　西安五星印刷有限公司

开　　本　710 mm×1000 mm　1/16　**印张** 14. 5　**字数** 300 千字

版次印次　2025 年 5 月第 1 版　2025 年 5 月第 1 次印刷

书　　号　ISBN 978 - 7 - 5693 - 3944 - 4

定　　价　49. 00 元

如发现印装质量问题，请与本社市场营销中心联系。

订购热线：(029)82665248　(029)82667874

投稿热线：(029)82668531

前言

随着中国经济的发展与综合国力的增强，中国的国际地位与全球影响力获得显著提升。作为拥有数千年灿烂文明的古老国度，中国正以全方位、深层次的姿态加速融入国际社会。在此背景下，积极推进中华文化"走出去"战略，持续增强中华文化的国际影响力，已成为时代发展的必然要求。

当代大学生作为国家建设与社会发展的生力军，其人文素养的培育与文化根基的塑造至关重要。夯实大学生的人文知识体系，首要任务在于引导其深入研习中华优秀传统文化，牢固确立中华文化的主体意识，进而坚定文化自信。中华优秀传统文化的传承，关键在于延续中华民族最根本的精神基因，通过弘扬"讲仁爱、重民本、守诚信、崇正义、尚和合、求大同"的价值理念，向世界生动展现中华民族的精神追求与理想人格。

高等院校英语专业不仅是导入中华文化教育的重要领地，也是推动中华优秀传统文化对外传播的关键平台。基于此，本教材旨在提升高校学子的文化自信，引导广大英语专业学生充分发挥语言优势，成为中华文化的积极传播者，这也是本教材的编写初衷。

本教材以弘扬中华优秀传统文化为指导思想，尽可能选取最具代表性的文化内容与精华元素，力求通过典型案例与翔实资料，在有限的篇幅内精确阐释中国传统文化的深刻内涵与核心价值，深入挖掘中华优秀传统文化的当代意义。本教材的目标在于激发学生自觉、自信、自强、自立的中华文化精神，着力培养、维护和巩固其中华文化身份认同，同时帮助学生化解英语学习过程中的身份困惑与焦虑，防止跨文化或虚拟英语社会文化习性和场域实践的替代作用，避免学生核心身份与本土文化场域产生割裂，让学生在英语学习的过程中传承中华优秀传统文化、弘扬民族精神，从而成为德才兼备、富有创新精神的新时代外语人才。

本书主要面向高校英语专业学生，同时也适用于对中国传统文化感兴趣的其他专业学生，可作为英语学习与文化拓展的辅助资料。本教材在编写上力求帮助学生全面把握中国传统文化的发展脉络与精神内核，从思想层面认知历史文化特征，从历史演进视角理解思想观念变迁，从而对中国传统文化的基本面貌、核心特征与主体品格有全面、正确的把握；系统了解中国传统文化在哲学、伦理、教育、语言文字、文学艺术及科学技术等领域的发展历程，熟悉在中国传统文化发展进程中具有关键影响力的人物、流派及其对中华文明乃至世界文明作出的卓越贡献，并能够运用英语准确阐释最能揭示中国传统文化特征的核心命题与概念。

本教材的编写人员均为高校一线英语教师，编写团队成员拥有长期的教学实践经验，对跨文化交流有着较为深刻的理解。其中，西安邮电大学袁小陆教授负责教材整体统筹与框架设计，并承担前言及第二、三章的编写工作；刘小佳老师承担第一、五、六章的编写任务；赵娟老师负责文献资料收集整理及第八章的编写；王辉老师负责第四章内容；王洁芳老师（西安美术学院）承担第七章的编写任务。袁小陆教授指导的硕士研究生边茜茜、杨阳、郭云焯、李梦娆承担了本书中文部分的英文翻译工作；谢晨阳、黄纪云、于英俊负责英文校对。袁小陆教授负责最终审译与修订。在此，谨向全体编写人员的辛勤付出致以诚挚谢意。在本书的编写过程中，编写团队也参阅并借鉴了大量国内外相关文献资料和同类教材，在此也向所有相关作者致以深深谢意。

五千年中华文明源远流长、博大精深，在有限篇幅内全面系统地展现其全貌实非易事。受编者水平所限，本书在编写过程中难免存在疏漏与不足之处，恳请广大读者不吝赐教，予以批评指正。

袁小陆

2024 年 10 月

PREFACE

With the development of China's economy and the enhancement of its comprehensive national strength, China's international status and global influence have been significantly elevated. As an ancient country boasting thousands of years of splendid civilization, China is accelerating its integration into the international community in an all-round and in-depth manner. Against this backdrop, actively promoting the "Going Global" strategy and continuously enhancing the international influence of Chinese culture have become an inevitable requirement of the development of the times.

As the mainstay force for national construction and social development, the cultivation of humanistic qualities and the shaping of cultural foundations for contemporary college students are of utmost importance. To solidify the humanistic knowledge system of college students, the primary task lies in guiding them to deeply study and learn from China's excellent traditional culture, firmly establish the dominant consciousness of Chinese culture, and further strengthen their cultural confidence. The key to inheriting China's excellent traditional culture is to carry on the most fundamental spiritual genes of the Chinese nation. By promoting the value concepts of "advocating benevolence, emphasizing people-centeredness, upholding integrity, respecting justice, valuing harmony, and pursuing universality," we can vividly showcase to the world the spiritual pursuits and ideal personalities of the Chinese nation.

The English major in institutions of higher education is not only an important domain for introducing Chinese cultural education but also a crucial platform for promoting the external dissemination of China's excellent traditional culture. In light of this, this textbook aims to enhance the cultural confidence of college students, guide a large number of English majors to give full play to their language advantages, and become active disseminators of Chinese culture. This is exactly the original intention of compiling this textbook.

Guided by the ideology of promoting China's excellent traditional culture, this textbook selects the most representative cultural contents and essential elements as much as possible. By means of typical cases and detailed materials, it endeavors to precisely expound the profound connotations and core values of Chinese culture within a limited space, and deeply explore the contemporary significance of China's excellent traditional culture. The objective of this textbook is to stimulate students' Chinese cultural spirit of self-awareness, self-confidence, self-improvement, and self-reliance. It focuses on cultivating, maintaining, and strengthening their identification with Chinese culture. At the same time, it helps students resolve the identity confusion and anxiety they encounter during English learning, prevents the substitution of cross-cultural or virtual English social and cultural habits and field practices, and avoids the separation between students' core identities and the local cultural field. It enables students to inherit China's excellent traditional culture and carry forward the national spirit during the process of English learning, thus becoming new-era foreign language talents with both ability and moral integrity as well as innovative spirit.

This book is mainly targeted at English majors in colleges and universities. At the same time, it is also suitable for students from other majors who are interested in traditional Chinese culture and can serve as supplementary materials for English learning and cultural expansion. In the compilation of this textbook, efforts have been made to help students comprehensively grasp the development context and spiritual essence of traditional Chinese culture, recognize the characteristics of historical culture from the ideological level, and understand the evolution of ideological concepts from the perspective of historical progress. In this way, students can have a comprehensive and correct understanding of the basic appearance, core characteristics, and main characteristics of traditional Chinese culture. They can systematically learn about the development process of traditional Chinese culture in the fields of philosophy, ethics, education, language and characters, literature and art, and science and technology. They can become familiar with the figures and schools that have had a crucial influence in the development of traditional Chinese culture, as well as their outstanding contributions to Chinese civilization and even world civilization. Moreover, they are able to accurately interpret in English the core propositions and concepts that best reveal the characteristics of traditional Chinese culture.

The compilers of this textbook are all front-line English teachers in colleges and universities. The members of the compilation team have long-term teaching practical experience and a relatively profound understanding of cross-cultural communication. Among them, Professor Yuan Xiaolu from Xi'an University of Posts and Telecommunications is responsible for the overall coordination and framework design of the textbook, and undertakes the writing of the preface as well as Chapters 2 and 3. Associate Professor Liu Xiaojia is responsible for writing Chapters 1, 5 and 6. Associate

Professor Zhao Juan is in charge of the collection and collation of literature materials and the writing of Chapter 8. Associate Professor Wang Hui is responsible for the content of Chapter 4. Wang Jiefang from Xi'an Academy of Fine Arts undertakes the writing task of Chapter 7. The postgraduate students Bian Qianqian, Yang Yang, Guo Yunzhuo and Li Mengrao, under the guidance of Professor Yuan Xiaolu, are responsible for the English translation of the Chinese part of this book. Xie Chenyang, Huang Jiyun and Yu Yingjun are in charge of the English proofreading. Professor Yuan Xiaolu is responsible for the final proofreading and revision. Here, we would like to express our sincere gratitude to all the compilers for their hard work. During the compilation process of this book, the compilation team has also referred to and drawn on a large number of relevant domestic and foreign literature materials and similar textbooks. We would also like to extend our deep gratitude to all the relevant authors.

The Chinese civilization, with a history of five thousand years, is both extensive and profound, and it is indeed no easy task to comprehensively and systematically present its full picture within a limited space. Due to the limitations of the compilers' capabilities, there are inevitably some omissions and deficiencies in the compilation of this book. We earnestly request that readers generously offer their valuable suggestions and criticisms for improvement.

Yuan Xiaolu

October 2024

目录

CONTENTS

中国传统文化的现代意义

一、中国传统文化对于中华民族的意义

文化是一个民族的灵魂。五千年中华文化体现的中华民族的精神追求,已经成为中华民族区别于其他民族的精神标识,其中的核心观念构成了中国人的精神世界,其基本价值已积淀为中华民族的文化基因,在漫长的历史发展中成为中华民族的精神命脉。传承中华文化就是维系中华民族的精神命脉。中华文化的精神品格与价值追求,支撑了几千年来中华民族的生生不息和薪火相传,今天仍然是而且未来必将也是我们发展壮大的强大精神力量。中华文化的精神特质与我们今天要大力弘扬的"中国精神"有紧密联系。弘扬中国精神,是凝聚中国力量、走稳中国道路的关键。因此,我们必须深入认识中华文化的重要性。

放到世界文明史中来看,中华民族创造的源远流长的文化具有独特的文化传统、独特的价值体系、独特的民族色彩、独特的历史进程。其长期演化的过程造就了中华民族的文化认同,赋予了中华民族生命力和创造力,也决定了中华民族独特的发展路径。同时,中华文明的文化内涵又包含了超越时空、跨越国度的价值,对人类文明进步和人类共同价值作出了重大贡献。今天,我们肩负着中华民族发展的责任,必须保全中华文明的生命营养,发扬中华文明的精神信念。弘扬中华优秀传统文化是持守文化发展的民族性、延续民族精神血脉的根本途径。只有牢牢站稳中华民族永续发展的立场,才能从根本上认识中国传统文化的价值和意义。

二、中国传统文化对于当代中国社会的价值

中华文明的悠久传承,是中国道路的深厚历史渊源和现实基础。弘扬中华优秀传统文化,来自中国特色社会主义实践的需要。中国特色社会主义植根于中华

文化沃土。中国特色社会主义实践，是一个全方位的社会建设过程，对于中华文化有着多方面的需求。首要的一点是中华民族凝聚力的建设与巩固。在今天中华民族伟大复兴的大业中，文化成为全中国人民凝聚力的根本来源。博大精深的中国传统文化为中国人民提供了共同的价值观及共同的思想、情感和精神，有了这些共同的文化价值才形成了对中华民族的归属感，实现了对祖国文化的认同，才有了民族凝聚力量的基础。

在社会的道德建设和价值观建设方面，中国传统文化历来强调以德治国、以德化人，在历史上形成了一套道德文化的完整体系。中国是一个礼仪之邦，高度成熟的道德文化是中华文化的突出特征和重要组成部分，致力稳定和谐的社会关系是中华文化的重要特点。传承发展这一道德文化体系是当代精神文明建设的核心和主体。

中国历史悠久，记载历史的典籍非常丰富，其中不乏总结历史经验的史学著作。中国传统文化的人文主义世界观，使得它重视现实世界及其历史的发展，重视从历史成败中总结经验教训，以形成正确的治国理念。中华民族在漫长的历史进程中绵延不绝、传承至今，其中一个原因就是不断总结吸取历史的经验教训，作为治国理政的借鉴。今天我们面临的治国理政的实际情况要比历史上任何时代都更复杂，但中国传统文化积累的丰富经验在许多方面对今天仍有重要的启示。特别是中国传统文化提出的许多思想理念，如以民为本、天下为公，都可以与现代概念相衔接，而且仍然富有引领的意义。

总之，对中国传统文化的自觉传承发展，不仅是我们对中华民族发展所应承担的天然使命，也是基于当代中国社会建设的实际需要。中华文化在几千年的发展中，以仁孝诚信、礼义廉耻、忠恕中和为中心稳定形成了一套价值体系，支配和影响了中国政治、法律、经济、制度与政策施行，支撑了中国社会的伦理关系，主导了人民的行为活动和价值观念，促进了社会的稳定、心灵的向善向上。这一套体系是中华民族刚健不息、厚德载物精神的价值基础和根源，亦即中华民族民族精神的价值内涵。中华民族几千年来不息奋斗的发展和这一套文化的核心价值体系密切相关，这些价值也构成了中国人之为中国人的基本属性。中华民族之为中华民族、中华民族特有的生命力，无不来自这些价值及其实践；无数中国志士仁人的奋斗，都是这些价值的充分体现。这些价值是社会主义核心价值体系的源泉。

在社会主义市场经济条件下，社会的核心价值体系要求，既与古代社会有相同的一面,也有不同的一面。这就需要我们在进行思想文化传承的时候注意创新,以适应时代的变化和要求。社会秩序和伦理价值的建立不能割断历史,也离不开传统道德文化。几千年来以人为本的中国传统文化,在心灵稳定、精神向上、社会和谐方面发挥了重要而积极的作用。但是,在现代社会生活中,传统的文化价值有些可以直接应用,有些则必须加以改造,并因时代需要重新加以整理、概括,以成为新时代的核心价值。

三、中国传统文化对于世界面临难题的启示

中国传统文化的当代意义不仅在于对中华民族生命发展、对当代中国社会建设具有重要影响,对解决人类生活面临的矛盾冲突也极具价值。当代人类生活面临着五大冲突急需解决,即人与自然、人与社会、人与他人、人与自我(心灵)、文明与文明的矛盾冲突,这些矛盾冲突自古以来一直不同程度地存在,但现代化进程的展开加剧了这些矛盾冲突,使之成为世界的难题。人们越来越认识到,仅靠西方现代性的价值是不可能解决这些矛盾、化解这些冲突的。有识之士把眼光转向包括中华文明在内的其他文明。中国传统文化的"天人合一",关注人与自然的和谐;"忠恕之道"秉承"己所不欲,勿施于人"的精神,有利于处理人与人的矛盾冲突;"和而不同"的态度有利于处理不同文明之间的关系;"群己合一"之道有利于解决个人与社会的矛盾。中国传统文化中有许多思想理念对解决当代人类面临的冲突提供了有益的启示。

因此,推动中国传统文化的传承发展,一个重要的目的是围绕当今世界发展面临的重大问题,着力提出能够体现中国立场、中国智慧、中国价值的理念、主张、方案,让中华文明与世界文明一起为人类提供所需要的精神指引。我们要用中国传统文化的理念智慧,结合中国历史与现实的实践,提出既合乎中国的具体实际又具有普遍意义的理念。从文明的角度来说,中华文明作为世界主要文明体系之一,数千年连续发展、博大精深,支撑了中华民族在广大地域上的众多人口,以高度成熟的文明发育,可持续地在亚洲大地发展壮大,并深刻影响了整个东亚地区。它的文明积累与智慧不仅在过去为世界人类文明发展作出了重大贡献,也必能深刻影响当今世界的发展。像孔子在两千多年前就已经提出的"己所不欲,勿施于人""和而不同"等观点,不仅是人类处理相互关系的普遍原理,也深刻体现了中华文明处理人类难题的智慧。20世纪50年代提出的和平共处五项原则,就是这样的"中国方案"。所以,只有全面总结中国历史发展的丰富经验,深入探寻中华文明的实践智

慧，认真体会中华文化的世界观和价值观，具有文明的自觉，才有可能真正提出解决人类难题的“中国方案”。这里的“中国”是以五千年文明的文化积累为依托，离开了对中华五千年文明的传承发展，就不可能提出这样的“中国方案”。所谓文化的软实力，最根本的就是来自中华文明赋予我们的世界观和以此处理复杂事变的能力，这是支撑一个大国文明数千年发展的内在力量。传承发展伟大的中华文明，用中华文明的智慧去和世界人民一起面对时代的挑战，才能获得世界人民的尊重，也正是在这个意义上，要坚守中华文化立场，传承中华文化基因，展现中华文化智慧，让中国对人类作出更大的贡献。

第一章

中国古代简史

中国拥有漫长而底蕴深厚的古代历史，从远古绵延至清代，史实浩繁，朝代更迭，这里大致按照朝代顺序，简明扼要地介绍中国古代上起原始社会、下至清王朝历时数千年的古代历史。

一、原始社会

中国的原始社会，约从170万年前的元谋人开始，到公元前2070年夏朝建立前夕为止，经历了原始人群和氏族公社两个阶段。氏族公社包括母系氏族公社和父系氏族公社。

云南元谋人、陕西蓝田人（距今约80万年）和北京人（距今70万年至20万年）都处于原始人群阶段，原始人群是早期的人类社会。

北京人已经能够制造和使用简单的劳动工具，使用天然火，通过采集和狩猎获取食物。

到17000年前，山顶洞人按血统关系组成比较固定的集团，依靠集体力量与大自然作斗争，开始过着氏族公社的生活。他们用磨制和钻孔技术制造石器、骨器，并学会制造骨针，把兽皮缝成衣服，还学会了人工取火，劳动技能比前人有了更大的进步。

六七千年前，半坡氏族和河姆渡氏族开始进入母系氏族公社繁荣时期。农耕和畜牧是当时主要的生产事业，人们学会了种植粟和水稻，并饲养了大量的猪、狗、牛、羊等牲畜；同时，打猎和捕鱼仍占有重要的地位。在生活方面，人们学会了建造房屋，开始过定居的生活，会刻画简单的符号来记事。这种符号是原始文字的萌芽。在社会组织方面，妇女在生产和生活中起到了重要的作用，氏族成员以母亲的血统来确定亲属关系。在氏族公社内，土地、房屋和牲畜均为公有，氏族公社成员共同劳动、共同消费，过着平等的生活。

四五千年前，由于农业和畜牧业的发展，男子的作用不断加强，逐渐取代了妇女在生产和生活中的支配地位。这时，人们以父亲的血统来确定亲属关系，母系氏族过渡到父系氏族。大汶口文化中晚期反映了父系氏族公社的情况。生产的发展使产品有了剩余，氏族公社内开始出现了私有财产和贫富差异。

二、先秦时期

夏

公元前 2070 年，禹建立夏朝。夏朝是中国史书记载的第一个奴隶制朝代。从约公元前 2070 年到公元前 476 年，中国奴隶社会延续了 1500 多年。公元前 16 世纪，商汤推翻了夏桀的统治。

商

公元前 14 世纪，商王盘庚迁殷，因此商朝也叫殷朝。商朝时，奴隶制经济开始得到发展，农业是当时的主要生产部门，畜牧业和手工业也占有重要地位。青铜器制造业代表了商朝手工业最先进的生产技术，商朝后期制造的司母戊大方鼎是现今世界上最大的青铜器。商朝人在龟甲和兽骨上刻的文字，叫作“甲骨文”。甲骨文是一种比较成熟的文字，今天的汉字就是由它发展而来的。甲骨文为人们研究商朝历史提供了丰富的资料，所以商朝是中国目前有文字可考的最早的一个朝代。

周

公元前 1046 年，周武王在牧野打败纣王，建立周朝，定都镐京，史称西周。

西周是中国奴隶社会经济高度发展的时期。农业是社会经济的主要部门，土地制度是以井田制为主的奴隶主贵族国家所有制。井田制在西周以前已经存在，到了西周有了较大发展。在农业生产中，青铜工具逐渐增多。青铜器制造业也比商朝更加发达。由于实行分封制，西周巩固了对原来商朝地区的统治，并且发展为一个比商朝疆域更广的奴隶制国家。

西周末年，社会矛盾进一步加深，公元前 771 年，少数民族犬戎攻入镐京，杀死周幽王，西周灭亡。幽王的儿子周平王继位后，将王都迁到洛邑(今洛阳)，史称东周。东周分为春秋和战国两个时期。

春秋时期

春秋时期（公元前770年—公元前476年）是中国奴隶社会的瓦解阶段，因孔子修订的《春秋》而得名。周平王东迁洛邑后，周王室统治力大减，诸侯国势力崛起，各自为政。齐桓公、晋文公、宋襄公、秦穆公、楚庄王相继称霸，史称“春秋五霸”（一说齐桓公、晋文公、楚庄王、吴王阖闾、越王勾践）。

战国时期

战国初期，奴隶制崩溃之势已不可逆转。新兴的地主阶级开始登上政治舞台，借助人民的力量首先在几个大的诸侯国夺取了政权。原来许多诸侯国或灭亡或被兼并，最后剩下秦、齐、楚、燕、韩、赵、魏7个诸侯国，史称“战国七雄”。这些诸侯国经过变法和改革，逐步完成了由奴隶制向封建制的转化。

三、秦汉时期

秦

秦、齐、楚、燕、韩、赵、魏7个诸侯国为了扩大势力范围，争夺土地和人口，互相之间展开了激烈的兼并战争。最后，社会变革较为彻底的秦国统一了六国。中国历史上第一个统一的多民族中央集权的封建王朝——秦王朝建立。

秦始皇统一中国之后，在全国范围内废分封，置郡县，设立了由皇帝直接控制的官僚行政机构，建立了专制主义中央集权的封建国家。这种专制主义中央集权制度，自秦以来一直延续了两千多年。

秦朝结束了自春秋战国以来诸侯分裂割据的局面，成为中国历史上第一个中央集权制国家，对中国历史产生了深远影响，但秦朝末期，秦二世的暴虐统治给人民带来了深重的灾难，引起公元前209年陈胜、吴广领导的秦末农民大起义。公元前207年，秦朝灭亡。

汉

公元前202年，刘邦建立西汉王朝。汉高祖至汉文帝、景帝时期采取“休养生息”的政策，经济得到迅速恢复与发展，这一时期也被称为“文景之治”。汉武帝刘彻即位后，政治上推行“推恩令”的政策，巩固中央对地方的控制；经济上实行盐铁专营、中央铸币；思想上采取董仲舒“罢黜百家，独尊儒术”的政策，使儒学在此后的历代王朝居于主导地位，为历代儒客学子所推崇。这一时期，张骞出使西域首次开辟了著名的“丝绸之路”,使之成为东西方贸易的重要通道。公元前60年,西汉政府在西域设立西域都护府,新疆地区正式归属中央政权。

西汉末年,王莽篡权建立新朝,随后又爆发绿林赤眉起义,社会动荡,最终刘秀在公元25年重建汉朝,定都洛阳,史称“东汉”。刘秀即汉光武帝,他在位时期经济恢复,社会安定,被称为“光武中兴”。东汉中后期政治腐败,外戚与宦官交替专权,最终导致“黄巾起义”的爆发,群雄并起,东汉王朝逐渐走向衰亡。

汉朝继承和巩固了秦朝开创的大一统局面,王朝鼎盛时期经济繁荣,国力强盛,人民安乐,在世界文明中占有重要地位。东汉后期,宦官蔡伦改良造纸术,促进了文化的交流与发展。汉王朝被视为中国历史上的第一个黄金时期,自秦始皇统一中国后,原战国时期各国的文化便相互渗透,到东汉时,中原地区在典章制度、语言文字、文化教育、风俗习惯等方面都逐渐趋于统一,构成了共同的汉文化。

四、三国两晋南北朝

三国

东汉末年,朝廷腐败,宦官外戚争斗不止,边疆战事不休,国势日趋衰败,农民在赋税重压下走投无路,在张角的号召下,黄巾起义爆发。

在镇压黄巾起义的过程中,东汉地方官吏纷纷招募军队,扩充势力,许多豪强地主武装也依附于他们。这样,东汉末年出现了许多割据一方的军事集团。其中,曹操和袁绍两个集团在北方势力最为强大。公元200年,曹操在官渡击败袁绍后,基本上统一了北方。

208年,江东的孙权和荆州的刘备在赤壁合力击败南下的曹军之后,孙权在长江中下游的地位得到巩固;刘备乘势占据了湖北和湖南的大部分地区,又进占四川;曹操的势力局限在黄河流域。这奠定了后来魏、蜀、吴三国鼎立的局面。

晋

三国后期,魏国的力量日益强大。263年,魏灭蜀汉。265年,司马炎夺取魏政权建立晋朝,史称西晋。280年,西晋灭吴,结束了三国鼎立的局面。西晋的统一是短期的,由于阶级矛盾和民族矛盾日益尖锐,继位的晋惠帝昏庸无能,他在位时期发生的“八王之乱”严重消耗了西晋的国力。内迁的少数民族和各地流民乘机起义、反抗。316年,匈奴人灭西晋。

西晋灭亡后,皇族司马睿于317年在南方建立政权,史称东晋,定都建康(今江苏南京)。在北方,各族统治者先后建立了许多国家,史称十六国。383 年,十六国中统一北方的前秦,与东晋在淝水交战,东晋以少胜多,不久后,前秦瓦解。

南北朝

439 年,北魏统一北方。在南方,宋武帝刘裕于 420 年夺取东晋政权,建立刘宋,之后,南方共经历了宋、齐、梁、陈 4 个朝代,统称为南朝;北方共经历了北魏、东魏、西魏、北齐、北周 5 个朝代,统称为北朝。南北朝时期,江南得到进一步开发。

三国两晋南北朝时期,由于南北经济的发展,科学文化也迈向了新的高度,在农业、数学等领域取得了令人瞩目的成就。

五、隋唐五代时期

隋

在南北对峙时期,经济文化的交流受到严重阻碍,人民深受战争之苦,迫切希望实现全国统一。隋文帝杨坚顺应历史潮流,在 581 年建立隋朝后,于 589 年派兵灭陈,重建了统一的多民族中央集权封建国家。通过实施一系列有利于恢复社会经济的措施,经过短短二十多年的发展,隋朝的封建经济就出现了繁荣的景象。

在隋初统一的政权下,内地和边疆各族人民的经济联系大大加强。隋代劳动人民开凿的大运河成为贯通南北的大动脉,有力促进了南北经济交流。但劳役的过重、过急也造成了十分严重的社会影响。隋王朝是历史上一个短命的王朝。隋炀帝施行暴政,使南北朝以后暂趋缓和的阶级矛盾又激化起来,导致隋末农民起义爆发。在农民起义军的打击下,隋朝的统治瓦解了。

唐

618 年,李渊父子建立唐朝。唐朝是强盛的多民族封建王朝。唐太宗李世民即位后,迅速恢复封建秩序,进一步推行均田制和租庸调制,善用人才,注重纳谏,使唐朝初期出现了政治清明、经济复苏、文化繁荣的治世局面,史称“贞观之治”。从唐太宗到唐玄宗前期的一百多年时间里,农业、手工业、商业都得以迅速发展。唐都长安不仅是全国的政治中心,也是亚洲各国经济文化交流的中心之一。

690 年,武则天自立为帝,改国号为“周”,成为中国历史上第一位女皇帝。后人把武氏临朝到代唐称帝的二十余年的统治,称为“武周之治”。武周之治对唐代中期的繁荣起到了承前启后的作用。

712 年，唐玄宗即位，采取了一系列有利于社会发展的政策措施，使唐朝的经济文化发展进入前所未有的极盛时期，史称“开元盛世”。

公元 755 年，安史之乱爆发。唐朝从安史之乱后开始转向衰败，随着安史之乱而来的藩镇割据、宦官专政和朋党之争，大大削弱了唐朝的统治力量。唐朝后期，土地兼并剧烈，赋税苛繁，最终爆发了黄巢领导的唐末农民大起义。907 年，投降唐朝的农民军叛将朱温灭唐朝，建立梁朝，中国历史进入五代十国时期。

五代十国

唐末朱温篡唐自立，改国号为梁，建都于开封，史称“后梁”。后梁以后继起的几个朝代，史称后唐、后晋、后汉、后周，与后梁合称为五代。除五代外，当时的南方先后出现的割据势力，即南吴、南唐、吴越、南楚、前蜀、后蜀、南汉、南平、闽国，加上北方割据太原的北汉，共 10 个王朝，统称为十国。这段时期史称“五代十国”。

六、宋元时期

宋

960 年，后周大将赵匡胤建立北宋王朝。北宋先后灭掉一些割据政权，结束了五代十国的分裂局面。北宋时，在中国辽阔的土地上，同宋王朝先后并存的几个主要的少数民族政权包括北部地区契丹族建立的辽、西北地区党项族建立的西夏，以及东北黑龙江流域女真族建立的金。这些政权对维护局部地区的统一、加速少数民族的封建化都起到一定的作用。

北宋时期，佃户对地主的人身依附关系有所减轻，从唐代出现的以契约维系的封建租佃关系，到宋代得到了普遍发展，成为主要的剥削形态。封建生产关系的变更，促进了农业、手工业和商品经济的发展。由于商业的繁荣，铜钱和铁钱大量流通，白银用作货币，并出现“交子”。“交子”是世界上最早的纸币。

北宋时期，社会生产力的发展也促进了科学技术的进步。火药兵器的制造、罗盘针和活字印刷术的发明等，都是这一时期科学技术领域的重要成就。这些发明与创新对世界经济文化的发展起到了巨大的推动作用。

然而，北宋官僚机构庞大，官员数量众多，政府财政支出过多，不断增加赋税，使农民负担日益沉重；官僚地主阶级又大肆兼并土地，阶级矛盾非常尖锐。北宋前期就爆发了几次农民起义，并提出了“均贫富”的口号，直接要求改变贫富不均的社会状况，这也标志着中国农民起义进入了新的发展阶段。北宋时期，除了阶级矛盾外，民族矛盾也很尖锐。1127 年，女真贵族利用北宋王朝内部的深刻危机，趁机攻入汴京，北宋灭亡。此后出现了南北对立的南宋和金两个政权。

南宋王朝建立后，北方人民抗金的斗争牵制了金军南下，对保障南方社会经济的恢复和发展起了重要作用。长江下游的农业生产超过了黄河流域，太湖流域逐渐成为全国稻米产量较高的区域。棉织业的出现是南宋纺织业发展的重要成果。此外，南宋造船技术的进步促进了海外贸易的进一步发展，泉州成为国际性的大港口。

正当宋金对峙于中原之际，蒙古族开始在漠北崛起。1206 年，成吉思汗统一蒙古各部，建立蒙古政权。蒙古军队先后灭掉了西夏、金等少数民族政权。忽必烈继位后建立了元朝，于 1279 年灭南宋，统一全国。

元

元朝是中国历史上又一个统一的王朝。统一有利于社会经济的恢复和发展，以及各民族之间的融合。元朝施行的行省制度，是秦以来郡县制的一大发展。它加强了中央对地方（尤其是对边疆地区的）管辖，巩固了多民族国家的统一。忽必烈在其统治时期重视农业，曾下令设置司农司和河渠司，管理全国农业和水利事务，使农业生产得到恢复和发展。元代棉织业比宋代更加发达，黄道婆向黎族妇女学习棉纺织技艺并加以改进，我国古代棉织业进入了新的发展阶段。

在元朝统治时期，阶级压迫和民族压迫十分严重。1351 年，元末红巾军起义爆发，元朝统治随之被推翻。

七、明清时期

明

1368 年，明太祖朱元璋建立明朝，定都应天（今江苏南京）。明朝前期，明朝政府采取了一系列措施强化中央集权、发展经济。为了加强军事防御力量，明成祖朱棣营建北平皇宫和城垣，并迁都北平（今北京）。为巩固北部边防，明政府修筑了西至嘉峪关、东至鸭绿江的长城。为了进一步加强同海外各国的联系，明朝政府派遣郑和七次下西洋，最远到达非洲东海岸和红海沿岸。明朝中后期，随着商品经济的发展，江南地区出现了“资本主义萌芽”。但明朝后期封建统治腐朽，社会矛盾日益尖锐，爆发了李自成领导的农民起义。1644 年，李自成攻入北京城，明朝的统治被推翻。

清

1616年,女真族努尔哈赤建立政权,国号大金,史称“后金”。1636年,皇太极改国号为清。顺治帝登基后,于1644年经山海关定都北京。清初统治者为了进一步加强专制主义的中央集权,增设南书房、军机处;在文化上为了巩固满洲贵族统治,实行剃发易服。自清军入关后的二十余年时间里,清政府平定了大顺等其他政权,实现了全国统一,清王朝经康、雍、乾三代皇帝走向繁荣,综合国力强盛,统一多民族国家得到了巩固和发展。其间,中国古代的专制主义也迈向最高峰。

乾隆时代之后,清朝在诸多内部矛盾积累以及世界局势风云变幻下逐渐走向衰落,闭关锁国政策使其与世界发展脱轨,而西方列强为打开中国市场,最终引发了鸦片战争,中国自此陷入了近代的屈辱与变革之中。

中国古代史历经数千年,朝代更迭,从辉煌灿烂的秦汉唐宋,到明清时期的起伏波折,在封建统治的兴衰交替中,传统社会不断发展演变。直至近代,列强入侵,民族危机深重,在无数仁人志士的不懈奋斗下,中国最终摆脱封建和半殖民地半封建社会的枷锁,迎来了中华人民共和国的成立,开启了全新的历史篇章。

练习

一、名词解释

1. 甲骨文
2. 青铜器
3. 春秋五霸
4. 战国七雄
5. 文景之治
6. 罢黜百家,独尊儒术
7. 丝绸之路
8. 淝水之战
9. 开元盛世

10. 五代十国

11. 行省制

二、思考题

1. 秦朝在中国历史上起到了什么重要作用？
2. 如何评述唐太宗与贞观之治？
3. 简述资本主义萌芽在中国封建社会内部的产生。

第二章

中国古代哲学

中国古代哲学在中国文化体系中起着主导作用。中国传统文学、艺术、教育、科学、风俗等，都受到中国古代哲学思想的影响。中国古代哲学凝聚了中华文化的基本精神，是中华民族数千年文明发展的结晶 。自古以来，中国的哲学思想就为中国人在认识宇宙以及自身的人生方面提供了诸多启迪。要深入了解和把握中国文化的精髓，就要先了解中国古代哲学。

一、先秦诸子哲学简述

诸子百家是对从先秦到西汉时期各个流派及其代表人物的总称，诸子是指各流派的代表人物，百家是指各个流派。在史书上有名可查的有儒家、道家、法家、墨家、名家、阴阳家、纵横家、农家、杂家、小说家等一些主要流派。这些流派围绕天人、古今以及名实、礼法等问题进行了激烈的哲学论辩，学派之间既互相斗争又互相吸收借鉴，使这个时期的思想文化呈现出错综复杂又繁荣活跃的局面，促进了中国古代哲学的发展与繁盛。其中，儒家的代表人物有孔子、孟子和荀子；墨家的代表人物有墨子；道家的代表人物有老子、庄子；名家的代表人物有惠施和公孙龙；法家的代表人物有商鞅、韩非；阴阳家的代表人物是邹衍；纵横家的代表人物有苏秦和张仪，等等。

先秦诸子百家的产生，不仅与当时“礼崩乐坏”的社会环境紧密相连，也与不同区域的文化传统息息相关。如儒家与邹鲁文化，道家与荆楚文化，法家、纵横家、名家与三晋文化等都有着密切的关系。诸子百家虽貌似流派杂多、主张不一，但也有很多相同的地方，如都关注社会秩序和社会治理的问题。很多学派之间的主张也不完全对立，有些学派具有多个学派的特征。就对中国社会的影响而言，儒家、道家和法家影响最大；就审美文化和社会心理而言，可以说是儒道互补；就政治文化而言，则是儒法互补。诸子百家缔造了中国文化的第一个高峰，各流派思想家深邃、丰富而活跃的思想，对中国传统文化产生了持久而深远的影响。

二、儒家文化精神与理想人格

中国传统文化的核心是儒家思想，儒家思想产生于春秋战国之际，代表人物有孔子、孟子、荀子等。儒家学说的经典有被称作经书的六经：《诗》《书》《礼》《易》《乐》《春秋》(《乐》经不传，是为五经)。《论语》《孟子》《荀子》和《礼记》也深刻体现了儒家思想的精髓。

孔子

孔子(公元前551—前479年)，名丘，字仲尼，春秋末期鲁国(今山东曲阜)人。孔子自幼好学，约30岁时开始进行私人讲学，这是他一生的主要事业。因在鲁国不能实现其政治抱负，孔子于54岁时离开鲁国，带着弟子游说列国。晚年的孔子致力于教育，并系统地整理了《诗》《书》等古代文献。据《史记》记载，孔子将记叙鲁国史的《春秋》加以删修，使之成为我国第一部编年体历史著作。《论语》是孔子的弟子和再传弟子整理的孔子言行录，载有孔子与弟子之间的谈话，是后人研究孔子的基本资料。

孔子哲学的基本观念是“仁”。“仁”是人之所以为人的根本，“仁者，人也”。“仁”就是生命的相互感通，是天、地、人、物、我之间的普遍联系与相互滋养。“仁”又是主体内在的意识，是由自己所决定的。内在的“仁”具有伟大的道德价值。“仁”的具体含义是“爱人”，是指一种博大的同情心，能对别人的痛苦与欢乐产生共鸣。有仁德的人会用心对待人，自爱、爱人，自尊、尊人。仁爱之心就是由爱自己的亲人推广到爱这世上的万事万物，将自己与天地看成一体。正是这种仁爱之心的推崇，将人的精神提高到“天人合一”的境界。

孔子又强调，爱人作为一种普遍的道德原则，必须由爱自己的父母开始。孔子不相信一个不爱自己父母的人能去爱普天下的人。所以孔子说“孝悌”是“仁之本”。《中庸》引孔子的话：“仁者，人也，亲亲为大。”这里的“亲亲”就是指爱父母。

1993年9月，在美国芝加哥，世界宗教会议通过了《全球伦理宣言》，其中一条基本原则就是孔子的名言“己所不欲，勿施于人”。在矛盾与冲突相当普遍的当今世界，以这样的信条作为国与国共存之道，是彼此尊重、彼此理解，调节人与人、国与国、族群与族群、宗教与宗教之间关系的良方，也是克服人与自然对立所造成的生态危机的重要思路。

"礼"是社会生活中的礼仪、制度、规范，其中孔子最重视的是丧礼和祭礼。丧礼、祭礼的精神就是孔子的一位学生所说的"慎终"(慎重地办理父母丧事)、"追远"(追怀自己的祖先)。孔子认为这是从人的情感中产生的。他说，"子生三年，然后免于父母之怀"，子女生下来，要三年才能脱离父母的怀抱，因此子女对父母自然有一种爱慕之情，父母去世了，这种爱慕之情和思念之情就表现为子女为父母服丧三年的"礼"。所以"礼"是出于人"亲亲"的真实情感。

孔子重视"礼"，首先是为了维护社会的秩序，保持社会的安定与和谐，也就是《论语》中所说的"礼之用，和为贵"。"礼"的作用就是在社会生活中，保持人与人关系的和谐。孔子重视"礼"，还蕴含着一种哲学意味，就是要使人生展现出对生命的无限性和永恒性的追求。人的生命是有限的，而自然界是生生不息的，是无限的、永恒的。人通过父母与子女世代相续，生命得到绵延，个人有限的生命就和自然界无限的生命联系在一起，从而实现个体的人对于生命永恒的追求。丧礼、祭礼可以使人真切地体验到人的生命这种永恒延续的过程，使人在有限的人生中感受到人生的价值和意义。

儒家精神的另一重要核心是中庸之道。所谓中庸，就是将伟大寓于平凡、将理想寓于现实的精神。中庸之道的主题思想是教育人们自觉地进行自我监督、自我教育、自我完善，提升自我修养，把自己塑造为具备理想人格，达到至善、至仁、至诚、至道、至德、至圣、合外内之道的理想人物，共创"致中和天地位焉万物育焉"的"太平和合"境界。也就是说，人要有道德勇气，有强烈的正义感，敢于担当责任与道义。在日常生活中，我们也许无法做出什么惊天动地之事，但在现实的义务中，在自己的社会角色和社会位置上，每个人都可以且应该忠于职守，勤劳奋发，将平凡的生活和工作做到最好，这样也会获得内心的充实与满足，实现生活的目的与意义。

孟子

孟子(约前 372—约前 289 年)名轲，字子舆，今山东邹县人。孟子是受业于孔子之孙子思的门人，是战国时儒家学派的重要代表人物。孟子曾游历齐、宋、滕、魏等国，诸侯国君认为他的学说不合时宜，多不予采用。晚年孟子回到家乡，退居讲学。孟子的中心思想是"仁义"。他继承和发展了孔子的思想，建立了一套完整的思想体系，被后人尊为"亚圣"。

《孟子》是先秦儒家学派的经典著作，记录孟子的言行。这是一部在国内外都具有重要影响的伦理学著作，对人及人的道德问题进行了深刻的阐述，可以说是中国伦理学史上第一部具有完整人学思想体系的经典著作。《孟子》将道德归纳为“仁、义、礼、智”，推“性善论”，但也重视环境和教育对人的影响，鼓励人们追求道德的自我完善。

《孟子》一书对塑造中国知识分子的人格曾产生过十分重要的影响。它力倡的“浩然之气”所确立的理想人格，在中国历代知识分子心中培育出一种顶天立地的大丈夫精神。文天祥、朱自清这样具有气节的“大丈夫”无一不受其“富贵不能淫，贫贱不能移，威武不能屈”思想的影响。民本思想是《孟子》思想的核心，“性善论”是《孟子》道德哲学的基本内涵。孟子认为，人性之所以是善的，在于人生来就具有“善端”。所谓善端，是一种“不虑而知”“不学而能”的“良知良能”。他将“善端”分为四类：一是“恻隐之心”；二是“羞恶之心”；三是“辞让之心”；四是“是非之心”。其中以“恻隐之心”最为根本。

孟子认为，这些善端是仁、义、礼、智等道德观念的萌芽。把善端加以扩充，就形成全部的道德观念。善端实际上是人的本质属性，人与禽兽的分界就在这里。以性善论为基石，孟子阐释了“成己”与“成物”、“内圣”与“外王”两个方面，这也构成了《孟子》人学体系的主体部分。

孟子主张仁政，发展了古代的“民本”思想，提出了“民为贵，社稷次之，君为轻”的治国之法。仁政学说的基础是性善论，孟子认为人的道德修养是必要的，仁、义、礼、智等观念是人心固有的。例如孩子从小知道爱戴父母、尊敬师长，就是天生的良知与良能。与孟子相反，另一位儒家学派代表人物荀子的主张则较为激进，在政治上主张既“隆礼”又“重法”，在人性上主张“性恶”之论，认为人只有通过学习和教化才能实现道德的完善。

总体而言，儒家思想以伦理道德为核心，对社会的稳定和发展产生了积极影响。儒学重视气节、操守的传统，在特定的历史条件下能成为鼓舞人们自觉维护正义、忠于民族国家的精神力量。在建设现代化的今天，儒家文化中贵和持中、正道直行的精神，将鼓舞人们不畏艰难曲折，朝着理想境界迈进。

三、道家文化精神

道家的代表人物是老子和庄子。他们的作品不但展现了人生智慧，更体现出独树一帜的中国艺术精神，即以多义的比兴、隐喻来表达哲学的意蕴。《老子》《庄子》诗意盎然，哲理宏博，暗示性无边无涯，涵盖面无穷无尽。

老子

《老子》大约成书于公元前 6 世纪，又称《道德经》。以《老子》为基础，中国古代产生了与儒家并列的哲学派别——道家。直到今天，《老子》的思想仍旧影响着中国人的民族特性、思维倾向和审美趣味。

与积极主张入世的儒家学派相反，老子哲学的核心是推崇隐世的自然无为，围绕这一核心，老子提出了许多极富启发意义的观点，比如"道法自然"。"自然"是老子哲学最重要的概念之一，指的是一种自然而然的、顺应世界的态度。老子强调，世界上的一切事物都有其自身运行的规律，鸟飞鱼游，花开花落，春夏秋冬，一切都是自然而然的，并不以人的意志而运作，即所谓"独立而不改"，人不要强行改变它。"无为"作为老子哲学的重要概念，是对"自然"的保护。老子说："无为而无不为。"这并不是让人们什么都不做，消极等待成功，而是说人的一切事业都应该在顺应自然的基础上去做，不能强行改变自然的节奏。老子反对"人为"，也不是否定人的积极创造，而是反对破坏自然节奏的盲目"乱为"。老子所提倡的创造，是契合自然精神的创造。

老子的辩证法思想集中体现在他"反者道之动"的命题上。这里的"反"，既是"相反"的"反"，也是"复返"的"返"。两层意思互相关联，反映出老子哲学的独特智慧。

在老子看来，美丑、善恶、难易、长短都是人为的判断。人给世界分高下，对世界作判断，乃至确定世界的意义，其实是对真实世界的误解。如就美丑而言，当天下人都知道追求美的时候，就有了美丑的区别，就有了分别的见解。老子并不反对人们对美的追求，但他认为真正对美的欣赏应该是对美的超越。老子还强调"反"作为往复回环的意义。这种往复是指流动不已的生命，是归复于自然而然、无往不复的生命流动世界。这也是他所形容的"道"——"独立而不改，周行而不殆"。

对于人的行为方式，老子从他的自然无为哲学出发，提出了"以柔弱胜刚强"的观点。老子的时代充满硝烟，思考战争成为当时思想界的重要课题，反对战争也是那个时代的主流思想，如提倡"不战而屈人之兵"的孙子思想，提倡"兼爱"而抨击攻伐的墨子思想，提倡仁政、反对征战的孟子思想。老子"以柔弱胜刚强"的哲学，则从一个新的角度思考战争形成的根由。

老子认为，战争是由人的欲望膨胀所引起的，为了满足欲望便会产生争斗，争斗的升级便酿成了战争。正因如此，老子哲学的立足点在"不争"。老子认为，争强好胜,是衰落的根源;而清静无为,则可以合于自然无为的生命之道。

老子说"上善若水",是说水具有最高的善。老子以水作比喻,突出了他"不争"的哲学思想,与恶意争斗的丛林法则相区别。老子说:"水善利万物而不争。"水的最高德行就是"不争"。在老子看来,人往高处走,水往低处流。人情受欲望驱动,好高而恶下,而水却永远向下流淌。水是生命之源,可以滋润万物,给大地带来生命,没有水也就没有生命。水作出巨大的贡献,又不计较自己的得失,在最低、最平、最静之处,包容天下一切,映照万物。

老子哲学并不是"弱者"的哲学,他的哲学充满了力量感。老子认为,水在柔弱、宁静中,积聚了强大的力量,可以冲破世界上的一切障碍。他说:"天下莫柔弱于水,而攻坚强者莫之能胜。"水是柔弱胜刚强的典型。水因为不争,不为利欲所驱动,所以能无往而不胜。老子并不是一个喜欢失败的人。但他认为,要使自己变得强大,不是靠恃强凌弱,而是要从弱处做起,像水那样,在低处凝聚力量。放弃逞强的欲望,是获得强盛的根本途径。

在老子看来,柔弱不仅是获得强盛之道,也是保全生命之道,柔弱是生命的象征。他说:"人之生也柔弱,其死也坚强。草木之生也柔脆,其死也枯槁。故坚强者死之徒,柔弱者生之徒。"老子用这样的比喻来说明坚守柔弱之道就是保全生命。奉行"柔弱"之道,才是避免争斗的最好方式。

庄子

庄子在哲学思想上继承和发展了老子"道法自然"的思想观点,使道家真正成为一个学派。庄子也是道家的重要代表人物,与老子并称为"道家之祖"。庄子之学,其要本归于老子之言。他和他的门人所著的《庄子》,包含大量寓言故事,其中《渔父》《盗跖》《胠箧》等篇,都是用来辨明老子的主张。《庄子》继承老子学说而倡导自由主义,蔑视礼法权贵而倡言逍遥自由,其中的《齐物论》《逍遥游》和《大宗师》集中反映了此种哲学思想。这部著作的出现,标志着在战国时代,中国的哲学思想和文学语言已经发展到了玄远、高深的水平。

庄子的文章想象奇特,文笔变化多端,具有浓厚的浪漫主义色彩。这些文章多为寓言故事形式,富有幽默讽刺的意味,对后世文学语言产生了很大影响。因此,庄子不但是中国哲学史上著名的思想家,也是中国文学史上杰出的文学家。

寓言说理是古人常使用的一种论辩是非的表达方式。"寓言"一词当是"寄寓之言”，出自《庄子·杂篇·寓言》，寓言说理则是带有劝谕或讽刺意味的、潜含着说理论辩的故事。在形式上，这类故事的语言结构一般都很短小，但充满智慧哲理。在表达方式上，寓言说理一般都可视为暗喻，按照事理的同一性，借此喻彼、借小喻大或借远喻近，将深奥的道理通过简单的故事体现出来。

寓言说理的基础是类推论证，是根据寓言所表达的事理，不显山、不露水地来说明、喻证与其具有同一性的某一事理。可以说，寓言说理是先秦诸子惯用的一种论辩方法，如孔子著名的“苛政猛于虎”；墨子以“楚王好细腰”说明“上有好者，下必甚焉”；孟子以“月攘一鸡”说明如果是好事就应该马上做，以“杯水车薪”类推小仁德不可能胜过不仁德，以“揠苗助长”喻证浩然之气的培养也应该顺应规律，等等。而庄子更是经常用寓言来代替哲学观点的阐述。《庄子》一书中有100多个寓言故事，如以“鲲鹏之变”说明大小、贵贱的相对性和绝对的自由主义；以“庖丁解牛”讲述养生的道理重在顺应自然、忘却情感，不为外物所困扰；以“螳螂捕蝉，黄雀在后”说明事事应该“无为”；以“混沌之死”说明一切事情都要“顺乎自然”。

以《庄子》为代表的寓言说理类文章具有完整的故事结构，其“意在此而言寄于彼”的寓意性使这类文章与神话、小说、民间故事等区别开来。这些文章中的故事奇特却又合理，夸张但不是漫无边际的随心所欲，而是以理解上的恰当性、合理性，有效地表达寓言说理的深刻意义。故事的语言简洁，耐人寻味，经得起咀嚼。古代思想家们那些富有较高思想性和艺术性的寓言说理故事，很多已经积淀为成语，融化在中华传统文化的血脉里，潜移默化地塑造着中国人的思维方式。

四、宋明理学

宋明理学是儒、道、佛家思想在宋、元、明时期的新的综合。它以儒学为主干，融摄佛、道的智慧，建立了以理气论、心性论为中心的道德形而上学体系。宋明理学把汉唐以来注疏五经的传统变为讲求四书义理（《论语》《孟子》《大学》《中庸》），讨论身心性命修养问题的传统，并以民间自由讲学之书院为依托，将传统精英文化进一步世俗化。作为一种文化现象，理学是整个东亚文明的体现。它不仅在元、明、清三朝成为中国的官方意识形态，而且自14世纪起对东亚各民族产生了广泛而深刻的影响。

朱熹

宋代朱熹建立了庞大的理学体系，集宋代理学之大成，其功绩为后世所称道。

朱熹集中讨论了理气关系与心性关系问题。他认为，宇宙间事物的法则、规律在逻辑上要先于个别的事物。如果把“理”设定为人之所以为人的道理，即作为“类”的人的本质规定(区别于禽兽等)，那么它在逻辑上要先于或高于实际的人，即具体的个别人。这就在一定意义上强调了道德理性对于与血肉之躯相连的情感欲望的制约。

“格物致知”是朱熹经常强调的理论。“格物”就是考察、研究具体事物，“致知”则是获取事物之理，并尽量加以扩充积累，在所穷之理积累已多的基础上，达到豁然贯通。

朱熹的思想对后世理学发展影响极大，他的思想也影响了中国周边许多国家，尤其是日本、朝鲜。

王守仁

王守仁是宋明理学中心学的集大成者，是继朱熹之后最重要的理学家，他的思想充满实践精神，具有鲜明的时代特点。“知行合一”与“致良知”是其代表学说。他肯定知行之间的相互联系、相互包含和动态统一，甚至把“一念发动处”的意念、动机都看作是行之开始。“良知”本是由孟子所提出的，指辨别是非善恶之心，即人内在的道德判断与道德评价。良知是人所固有的，不需要向外求索。王守仁的“致良知”即是扩充良知，一方面除去心中的自私念头和不正当欲望，保持善良的心地；另一方面在现实生活中接受磨炼，切实践行，把心中的善意具体地表现出来，不能只停留在口头上。良知不仅表现为“知是知非”“知善知恶”的原则，还表现为“好善恶恶”“为善去恶”的道德自觉与实践。“致良知”也就是修养德性。王守仁认为人要身体力行，在实践中追求自己的人生理想。

宋明理学将道德上升为本体，重建了人的哲学。理学家的最高理想是“天人合一”的精神境界。他们常常讲“开拓胸次”，处处表现圣者气象。宋明理学重视培养气节、重视品德教育，在讲求以理统情、自我节制、发奋立志等建立主体意志结构方面起了重要的作用，把道德自律及人的社会责任感和历史使命感提升到本体论的高度，彰显了人道德主体性的庄严伟大。

练习

一、名词解释

1. 诸子百家
2. 中庸之道
3. 上善若水
4. 反者道之动
5. 程朱理学
6. 格物致知

二、思考题

1. 为什么“礼”在儒家思想中有着至关重要的意义?
2. 寓言说理有何特点?
3. 宋明理学有何重要意义?
4. 法家思想与今天的法治观念有何相似与不同之处?
5. 如何评价王守仁的哲学理论?

第三章

中国语言文字

语言是社会成员相互沟通的桥梁和纽带，是表达思想的工具，在维系社会和谐与稳定方面具有不可替代的作用。更重要的是，任何一个民族的语言都是本民族文化的核心元素，也是一种特殊的民族情结，在增强民族凝聚力方面有极其重要的作用。汉语作为全人类最丰富、最优秀的语言之一，在承载历史、凝聚人心、传承民族精神等方面扮演着十分重要的角色。

一、汉语的特点

世界语言大约有 5000 种，但使用人口超过 100 万的语言只有 140 多种，其中汉语的使用人口最多，约占世界人口的五分之一。汉语是联合国指定的 7 种工作语言之一，另外 6 种分别是英语、俄语、法语、西班牙语和阿拉伯语。

早在春秋时期，汉民族就存在着民族共同语。普通话是现代汉民族的共同语、标准语，它以北京语音为标准音，以北方话为基础方言，以典范的现代白话文著作为语法规范。

与世界上的其他语言相比，汉语具有自己的特点。汉语的音节结构整齐，由声母和韵母组成，每个音节都有声调，声调能区别意义。按词的构造特点来看，汉语的词用在句子里时，没有表示语法关系的词形变化。按句法结构的表达方式来看，汉语不通过词的形态变化表示语法关系，而是借助词序和虚词来表示。词序就是词在语句里的顺序，反映着语法关系。如“红花”是偏正关系，“红”从颜色上给“花”分类；而“花红”则是主谓关系，“红”是对“花”的状态的陈述。虚词在汉语中直接影响语言的结构和语义的表达，如“写字”是动宾结构，而“写的字”是偏正结构；“我和你”的“和”表示联合关系，“我或你”的“或”则表示选择关系。

二、汉字的演变

汉字是世界上最古老的文字之一。汉字的字形演变，大致经历了早期的图画文字、甲骨文字、石鼓文、金文、大篆、小篆等阶段，而后发展出隶书、楷书、草书、行书。在印刷术发明后，为适应印刷需求，又逐渐衍生出各种印刷字体。这是一段极为漫长的发展历程。

甲骨文

甲骨文主要流行于商周时期，是迄今为止中国发现的年代最早的成熟文字系统，因刻于龟甲、兽骨之上而得名。甲骨文的象形程度比较高，图画意味较重，内容多为问吉凶的“卜辞”，也有少数是“记事辞”。甲骨文一般是用刀刻的，因此线条较瘦，多有方折。从结构上看，甲骨文已经是相当成熟的文字体系，六书中的象形、指事、会意、形声等结构方式在甲骨文中已经具备，这说明当时人们已经懂得用已有的字作构件构成新的字，为汉字系统的进一步完善奠定了基础。

金文

金文是指商周时期刻或铸在青铜器上的文字。上古称青铜为吉金，因此这种铜器上的铭文被称作金文。由于钟和鼎在两周时代的青铜器中占有重要地位，因此金文又被称为“铜器铭文”或“钟鼎文”。

金文一般先书写在范模上，再翻铸在青铜器上，因此线条肥厚粗壮、圆浑丰润，字形庄重美观，大小趋于一致，排列较为整齐。金文中形声字大量增加，象形程度明显降低，结构趋于定型，这说明金文比甲骨文更为成熟。

小篆

小篆又名秦篆，为秦朝丞相李斯所创。小篆的书写完全线条化，象形性减弱。从构造上来看，小篆已经形成了相当严密的文字体系：一方面，异体字大量减少，构件的写法趋于一致，同一个构件在不同的字中、在同一个字中不同位置的写法基本一致；另一方面，形声字大量增加。这些都增强了字和字之间的联系，使汉字在总体上形成一个相互联系的网络。

隶书

小篆发明后，仍然难以满足越来越繁重的文书任务。隶书则是在篆书基础上，为适应书写便捷的需要而产生的字体。隶书去繁就简，字形变圆为方，笔画改曲为直。隶书的出现提升了书写速度，同时也为楷书、行书、草书等书法字体的出现奠定了基础。

楷书

楷书又叫真书、正书，由隶书逐渐演变而来，更趋简化，横平竖直。楷书出现于汉末魏初(公元3世纪初)。关于楷书的首创者，比较一致的说法是由东汉王次仲所创，而三国时期魏国的钟繇则一般被视为中国历史上第一位楷书书法家。

行书

行书是介于楷书与草书之间的、运笔自由的一种书体。行书萌芽于汉代，至魏晋成熟并流行至今。"书圣"王羲之的《兰亭集序》便是行书书法的巅峰之作。

草书

草书由隶书演变而来，形成于汉代。汉字发展到草书一体，已接近炉火纯青。但草书尤其是"狂草"的字体往往难以辨认，多作为供人欣赏的艺术品。

三、汉字的文化特质

任何文字都具有字形、字音、字义3个要素，代表着语言中的某种声音和意义。汉字与拼音文字之间存在着极大的差异。古人将汉字的造字方法归纳为"六书"——象形、指事、会意、形声、转注、假借。由此可以看出，汉字首先是生动直观的象形表意。

象形表意就是依照物体描绘图形来表达含义，后来图形逐渐变为象征性的符号，每个符号表示一种具体实物。古汉语的名词多为单音节，即一物一名，一名一词，一词就是一个音节，因此，一个象形字就体现了一件物的完整个体。象形字用简单的线条描摹客观事物的形态，使人一看就能把字形与具体事物联系起来，知道它所代表的意义。越古老的字，形象性越强。

指示表意是指一种利用特殊性符号标记某一客观事物、表示某一概念的造字方法。当象形的方法难以表达事物特点的时候，可利用标记号的方法指出所要表示事物的特点。比如在"刃"字中，"刀"是一个象形字，刃必须依赖刀才能体现出来，所以在刀口所在处加一点来表示"刀刃"。又如"本"和"末"，则是在象形字"木"的上下各画一道，表示树梢与树根。可见指事字不似象形字那么直观，需要经过观察和分析后才能知其含义。

会意表意是指在象形、指事的基础上创造合体字的方法。意义相配的两个或两个以上的独体象形字可以组合起来，表示一个新的意义。比如“从”字，一个人站在另一个人身后，表示跟从。“删”字则是由“册”字旁边加一把“刀”构成，其含义为用刀在竹简上刮去不必要的文字，体现的正是删除之意。

形声字由表意的形旁和表音的声旁组合而成，例如“湖”“河”二字，均以“水”为形，字义与水有关；而后半字的“胡”“可”，则用来指示字的读音。形声字的造字能力最强，《说文解字》中形声字占80%以上。

汉字的美学风格

汉字既能记录语言，又能作为审美艺术品供人欣赏。中国书法，自古以来可与画并论。可见，汉字是充满美感的文字。而这也是由汉字的基本构形所决定的。

汉字的结构形式是独特的，与拼音文字有着明显的区别。拼音文字是线性的，字的结构成分如同线一般依次分布并向各方向展开，呈一维的直线；汉字的整体构形则是呈二维的平面，一个字仿佛就是一个画面，字的构件分布在平面里，各个构件不仅可以左右组拼成字，也可以上下组拼成字，但无论怎样组合搭配，它总是一字一块，不越雷池。也就是说，在汉字结构中，一个字不论有几个部件，都要均衡地、巧妙地组合在方块里。

汉字的结构美原则，就是让多种笔画、多种结构成分、多种组合方式在一个方块中协调、配合，以实现稳定、和谐而又灵活美观。汉字结构本身讲究内部平衡，任何汉字无论怎样调整比例，都要合理地分布在方形的框架内，而字与字之间又需错落有致地留有间隔空隙。正是遵循着这种布局审美，汉字书法才成为一种艺术。

值得注意的是，汉语言为文造句强调一种主体意识，汉语的文辞观强调“文以意为主”“意在笔先”“以神统形”“得意忘言”。汉语言的这种文辞观充分体现了中国古典美学对神韵的追求。中国的文字书法可谓把这一美学观发扬到极致，汉字从它的起源之始就体现了对神似的追求。比如，甲骨文中“鹿”的字形，是用不多的几条线勾画出来的鹿的整体侧视形，其中鹿树杈似的犄角非常醒目；而“马”和“象”的字形，则是突出了马的鬃毛形、象的长鼻形。可以说，汉字走向符号化的过程就是一个不断追求特征化与神似的过程。

《说文解字》与许慎

《说文解字》由东汉经学家、文字学家许慎历时22年精心编撰而成，是中国乃至世界第一部字典。它系统诠释了汉字的起源，首创540个部首编排法，可以说是集经古文经学训诂之大成。这本书上溯造字之源，下辨篆、隶、草、行的递变规律，为研究古代文字提供了重要依据。

《说文解字》归纳了汉字构成和使用的方法——象形、指事、会意、形声、假借、转注，即所谓的“六书”。许慎还发明了汉字的部首，通过部首的归纳将成千上万纷繁复杂的汉字编排整齐，使后人能够按照部首方便快捷地查找所需要的单字。《说文解字》是文字学的巨著，是上通古文字、下理今文字的桥梁；它也是语言学的巨著，是词汇史的要典。

近代中国的白话文运动

在20世纪早期中国文化界中，一群受过新式教育的知识分子发起了一次革新运动——白话文运动。白话文运动的成就，主要表现在白话文的作品上。五四运动时期，白话论文在宣传新思想、批判旧思想上发挥了巨大的威力。如李大钊、陈独秀、鲁迅、胡适、钱玄同、刘半农等人的论文，虽在语言上有不同的风格，但在说理上都有明白、清晰、准确、富有逻辑力量的特点。在文学上，散文、小说、诗歌等文体均开拓出全新的创作路径。特别是1921年，鲁迅的中篇小说《阿Q正传》的发表、郭沫若诗集《女神》的出版，为白话文学奠定了坚实的基础。

白话文运动，是一场活泼的、前进的、革命的运动，它在文艺语言上宣告了文言文时代的结束、白话文时代的开始，开辟了白话文学的新纪元，促进了中国社会的变革与进步。

练习

一、名词解释

1. 甲骨文
2. 金文
3. 象形表意

4. 指示表意
5. 会意表意
6. 形声表意
7.《说文解字》
8.《阿 Q 正传》

二、思考题

1. 如何理解汉字独特的美学风格?
2. 简述中国近代白话文运动的起因、经过和历史意义。

第四章

中国古代教育

一、中国古代教育特色

中国古代教育是灿烂辉煌的中国古代文化的一部分，是中国古代文化赖以延续和发展的基础，也是中国古代文化不断创新的动力。中国古代的学校教育、社会教育、家庭教育、百工技艺教育是中国古代各种文化薪火相传、继往开来的保证，没有中国古代教育，中国古代的物质文明和精神文明便难以创造、延续和发展。

根据历史文献记载，中国古代教育的起源，可以追溯到夏以前。传说中的伏羲、神农、黄帝、尧、舜等，都十分重视教育，对人民进行父义、母慈、兄友、弟恭、子孝5种伦理道德的教育，同时也进行音乐和诗歌的教育。中华民族具有重视教育的悠久传统，这也使得中国灿烂辉煌的文化一脉相承、历久弥新。

中国古代有许多著名的教育家，他们各自体现了时代的精神面貌，代表着教育实践和教育思想发展中的各个阶段。中国古代教育家重视德性培养，树立道德风范，其影响力是不可低估的。他们曾在漫长的中国历史中教育、感染、熏陶了一代又一代仁人志士，推动了中国社会的进步，促进了中华文明的繁荣。

中国古代教育是人文主义的教育，它以做人为教育的唯一目的，重教人以德行与智慧，而不只是单纯的知识。它尤其重视道德教育和德性培养，注重气节、操守和崇高的精神境界，提倡发奋“立志”，强调道德责任感与历史使命感，弘扬孜孜不倦、临事不惧，不计成败利钝、不问安危荣辱，以天下为己任的精神气概与宽广胸怀。中国长远而深厚的教育传统，上起孔孟老庄，中经佛教禅宗，下迄宋明理学，都注重道德教育与自我修养，重视启发学生的自觉性、主动性，立志有恒、克己内省，改过迁善、身体力行，潜移默化、防微杜渐，逐渐形成了一系列具有独特风格的道德教育与道德修养方面的原则和方法。

综合观

综合观，即大教育观。中国古代教育家很早就认识到教育是整个社会大系统中的一个子系统，许多教育问题实质上是社会问题，必须置于整个社会系统中加以考察和解决。而教育问题的解决，又必然促进整个社会的发展和进步。孔子十分重视教育，视人口、财富、教育为“立国”的三大要素，认为在发展生产使人民富裕之后，唯一的大事就是“教之”，即发展教育事业。他从“国之本在家”的思想出发，重视家庭伦理和社会道德“孝悌忠信”的教育。他看到了教育对于治理国家、安定社会秩序所产生的重要作用。这种把教育放在治国治民的首要地位，把个人的道德修养和提高社会道德水平看成是治国安邦的基础的思想，是十分深刻的。《礼记·学记》把教育的作用概括为“建国君民，教学为先”“化民成俗，其必由学”。教育的作用包含相互联系的两个方面：一是培养国家所需要的各种人才，二是形成良好的社会道德风尚。这是中国先哲关于教育功能的概括和总结，至今仍有借鉴意义。

辩证观

辩证观，即对立统一观。中国古代教育家强调要把道德教育放在首位，同时也不忽视知识教育的作用。孔子认为“君子务本，本立而道生”“行有余力，则以学文”，这就是中国古代的德智统一观：首先是道德教育及其实践，其次才是知识教育；德育要通过智育来进行，智育主要为德育服务；德育与智育之间存在着相互依存、相互渗透的关系。道德教育也是如此：道德观念的认识与道德信念的建立、道德行为的实践之间也存在着对立统一的关系。如孔子说：“知及之，仁不能守之，虽得之，必失之。”这就是说，道德观念如果只停留在认识阶段，而不能转化为道德信念和道德行为，那么道德就失去了规范的作用。知识与才能之间也存在既矛盾又统一的关系。唐代史学家刘知几认为，一个人如果有学问而无才能，就好比拥有巨大的财富却不会经营它；如果有才能而无学问，则像本领高超的工匠，没有刀斧和木材，也无法建造宫室。明代大学士徐光启强调培养才能的重要性，认为教学不只是教些现成的知识，还要培养学生的思辨能力，让学生掌握治学方法。教与学、师与生之间也存在着既矛盾又统一的关系，从《礼记》中的《学记》到韩愈的《师说》，都揭示了这些深刻的教育辩证法。

内在观

内在观，即强调启发主体的内在道德功能和自觉性。中国古代教育注重启发每一个人的内心自觉，提出了“做人”的道理、“做人”的要求、“做人”的方法，让人从中得到“做人”的乐趣，表现出人的崇高精神追求。中国古代教育不是“罪感教育”，而是“乐感教育”，不需要依靠宗教信仰和祈祷，不主张离开社会和家庭，而是强调在学校、家庭及日常生活中积累道德善行，加强自我修养，在自己心中寻找美丑、善恶的标准，追求道德的“自律”。中国古代教育思想强调人心中具有一种价值自觉的能力，自省、自反、慎独，自我求取在人伦秩序与宇宙秩序中的和谐，其追求价值之源的努力是向内而不是向外的。

中国古代教育不是机械、呆板的，而是灵活并因人因时而异的；不是分科细密的，而是整体综合的；不是单纯传授知识技术的，而是德智合一的；不是师生脱离、与人生实践脱节的，而是教学相长、寓教育于生活实践之中的；不是以知识系统为枢纽，而是以人生为枢纽，以一代又一代人风的建树和培育为目标的。

二、中国古代教学思想

中国古代教育家们积累和总结了丰富的教学经验，对教学理论、教学原则和教学方法，以及对教师的要求都提出了许多有价值的思想见解。这些思想直到今天仍然闪烁着智慧的光芒，富有启迪教育意义。

因材施教

“因材施教”式的启发诱导是公认的中国优秀传统教学思想之一。孔子因材施教，注重观察、了解学生，“视其所以，观其所由，察其所安”，即观察学生的所作所为，了解学生的经历和学生的兴趣爱好。对于学生不仅要“听其言而观其行”，还要考查学生课后私下的言行举止，全面掌握学生的特点和实际情况。他对学生的性格特点了如指掌，有时从其优点方面分析，有时从其缺点方面分析，有时对不同学生作比较分析。他针对学生不同的性格特点，有的放矢，循循善诱，而不是千篇一律地说教。有时学生问同一个问题，他却做出不同的回答。孔子还主张针对学生智能的高低进行不同的教学：“中人以上，可以语上也；中人以下，不可以语上也。”

孟子继承并发展了孔子因材施教的思想，强调教学方式的变化。朱熹在《四书集注》中，对孔孟的因材施教思想赞不绝口：“圣贤施教，各因其材。”王守仁则认为教学应注意每个学生长短优劣的特点，譬如治病，要因病发药；教学亦与治病一样，要因人施教。

总之，中国古代教育家认为学生的个性是存在差异的，每个学生的自然禀赋也不一样，所以教学方法也应因人而异。他们反对用一个模式去束缚学生，而主张通过教育发展每个学生的个性。在教学方法上，中国古代教育家特别重视启发诱导，努力开发每一个学生的智力潜能。

温故知新

《论语》第一句话便是孔子说的“学而时习之，不亦说乎”，他还说“温故而知新，可以为师矣”。朱熹进一步发展了孔子学而时习、温故知新的思想：“人而不学，则无以知其所当知之理，无以能其所当为之事。学而不习，则虽知其理，能其事，然亦生涩危殆，而不能以自安。习而不时，虽日习之而其功夫间断，一暴十寒，终不足以成其习之功矣。”朱熹认为“故”是“新”的基础，“新”是“故”的发展；而“时习”集中体现了二者相互之间的联系，并含有转化的意思。“时习”能使所学融会贯通，转化为技能并应用无穷。他认为，那种只知机械地重复旧闻而不能触类旁通的人，是不够资格当教师的。

温故知新反映了这样一条教学规律：学习本身是不断实践的过程，只有反复地学习实践，才能牢固地掌握所学的知识；只有对所学的知识融会贯通，才可举一反三，告诸往而知来者，由已知探求未知。这种既重视时习温故，又不忽视探索新知的思想，在今天仍有启发意义。

学思并重

在处理学习和思考的关系问题上，中国古代教育家多主张学思结合、学思并重。孔子说：“学而不思则罔，思而不学则殆。”他主张学思并重，但应以学习为基础，必须在学习的基础上思考：“不曰‘如之何、如之何’者，吾末如之何也已矣。”荀子继承了孔子这一思想，认为“吾尝终日而思矣，不如须臾之所学也”，并要求在学习的基础上“思索以通之”，即通过思维活动把所学的知识融会贯通。《礼记》把孔子学思并重的思想发展为“博学之、审问之、慎思之、明辨之、笃行之”5 个学习步骤，其中肯定了学思并重，又强调了思维的重要性。“审问之、慎思之、明辨之”都是思维活动的具体化。一个人的聪明与坚强是在不断学思结合的过程中培养出来的，决定的因素是个人顽强的努力而不是他的天资。朱熹说：“学便是读，读了又思，思了又读，自然有意。”这些都是教育家们在治学实践中对学思关系辩证法的深切体验和精辟总结。

循序渐进

中国古代教育家普遍重视循序渐进的教学原则。孔子的学生赞扬孔子“循循然善诱人”。孟子认为教学是一个自然发展的过程，一方面应自强不息，不可松懈或间断；另一方面也不应流于急躁。他说：“君子之志于道也，不成章不达。”孟子还以禾苗的自然生长来譬喻人受教育的过程，一方面主张尽力耕耘，反对放任自流；另一方面又反对揠苗助长、急于求成。

朱熹更明确地提出了“循序而渐进，熟读而精思”的教学思想。他强调教学要坚持由近及远、由易到难、由浅至深、由具体到抽象、由已知到未知。只有循序而渐进，量力而学习，才能有踏实的进步。

总之，中国古代教育家已认识到，知识的积累、智力的增长是一个循序渐进的过程，不可能毕其功于一役。他们强调教学要注意阶段性和节奏感，要顺其自然，这是符合客观规律的。

长善救失

长善救失出自《礼记·学记》。其中说到，在学习过程中，有的学生表现为贪多务得，所学知识过于庞杂而不求甚解；有的学生表现为知识面太窄，抱残守缺；有的学生表现为学不专一，浅尝辄止；有的学生表现为故步自封，畏难而退。这 4 种类型的问题反映了学生对待学习不同的心理状态，教师只有了解这些心理状态，才能有针对性地帮助学生克服问题。教师必须掌握具体情况，因势利导，既要善于发扬学生的优点，又要善于克服学生的缺点。

多与寡、易与难并非固定不变，得与失也可以相互转化。王夫之在《礼记章句》中指出，多、寡、易、止虽各有问题，但其中也包含一定的积极因素。教师应全面观察学生，懂得教学的辩证法，针对不同类型的学生挖掘、培养、发扬积极因素，克服消极因素，这就是扬长补短、长善而救其失。这里既包含重视正面教育、因势利导的思想，又包含因材施教的思想。

中国古代教育思想中富有朴素的辩证观点，善于运用矛盾转化规律，特别强调要看到学生身上的优点和积极因素，即使是次要的、隐蔽的也要看到，以便巩固、发扬积极因素以克服消极因素，依靠优点克服缺点。应该说，这是中国人文主义教育思想的精华。

教学相长

《礼记·学记》中还明确地提出了教学相长的思想："是故学然后知不足，教然后知困。知不足，然后能自反也；知困，然后能自强也。故曰：教学相长也。"这里深刻阐述了"教"与"学"之间的矛盾对立和相互依存、相互促进的关系。教因学而得益，学因教日进。教能助长学，反过来，学也能助长教，这就是"教学相长"。"教学相长"不仅意味着教与学之间的对立统一关系，还意味着教师与学生之间相互促进、相得益彰的平等关系。

从教师方面来看，教的过程也是学的过程，教与学互相促进。从学生方面来看，学生从教师的教学中获得知识，但仍需要自己努力学习，才能有所提高，不限于师云亦云。一个循循善诱的教师，只有通过教学实践才能体会到教学的效果和困难。教师的教学经验越丰富，越能摸到教学的规律，并发现自己的弱点与困惑之处。《礼记·学记》中提出"教然后知困"。"知困"可促使教者"自强"。一个积极好学的学生，只有通过学习的实践才能体会到学习的好处和困难，越学习越能认识到自己学识的浅薄与不足，"学然后知不足"。"不足"可促使学习者进一步严格要求自己，努力学习以改进自己的不足。

韩愈继承和发展了"教学相长"思想，进一步提出"相互为师"的观点。他一方面肯定教师的主导作用；另一方面又提出了"弟子不必不如师，师不必贤于弟子"的新思想。他教人要向学有专长的人学习，树立"能者为师"的观念。这些深刻的教学辩证法思想，是中国古代教育家对世界教育思想宝库所作的卓越贡献。

言传身教

中国古代教育家根据自己教育实践的经验，对教师提出了多方面的要求。言传身教就是其中重要的一项。

孔子说："其身正，不令而行；其身不正，虽令不从……不能正其身，如正人何？"这里强调了以身作则、正己正人的"身教"的重要意义。他主张同时采用"有言之教"与"无言之教"两种方式进行教学，即通过教导及自己的日常行为去教育学生。

荀子则认为教师除了具有广博的知识之外，还必须具备 4 个条件：一是教师要有尊严，能使人敬服；二是教师要有崇高的威信和丰富的教学经验；三是教师需具备有条理、有系统地传授知识的能力；四是教师要了解精微的理论，并且能对学生解说清楚。《礼记·学记》也对教师提出了严格的要求，把品德高尚和学业精进看作是教书育人的必要条件,而且要求掌握正确的教学方法和原则。

东晋袁宏在《后汉纪》中说:“经师易遇,人师难遭。”可见“人师”的标准不仅仅是传授知识,更要求为人师表,这体现了中国古代优秀的传统教育思想。

尊师爱生

中国古代教育家还提倡学生尊敬教师、教师热爱学生,要建立良好的师生关系。孔子热爱学生,关心学生品德和学业的增进,也关心学生的生活与健康状况。他看到学生的进步,由衷感到高兴;学生家贫,他常接济;学生有病,他去看望;学生去世,他十分伤感。他与学生建立了深厚的情谊。孔子对学生还做到了“无私无隐”,并对学生寄予了无限期望。他认为当一种正义事业需要人去承担时,年轻一代要敢于勇往直前,责无旁贷,即使在自己的老师面前也不必谦让,要“当仁不让于师”。孔子的学生都敬佩孔子道德高尚,学识渊博,教人得法。孔子去世后,学生们在孔子墓旁搭起草房,守丧三年,分别时痛哭难舍。子贡不忍离开,独自又居住了三年。这些都表达了学生对孔子无限的怀念和敬仰。

墨子在教育实践中也强调尊师爱生,墨家师生之间能生死相依、患难与共。墨子和他的学生们“日夜不休,以自苦为极”。学生追随墨子“赴火蹈刃”,这种师生关系是在同生死、共患难中逐步建立起来的。

荀子把是否“贵师重傅”提升到国家兴衰的高度,提倡学生应该超越自己的老师。他认为,学生与老师之间不仅仅是知识学问的承袭关系,学生还担负着超越前人已有智慧、推进学术水平的责任。他以形象的语言说:“学不可以已。青,取之于蓝而青于蓝;冰,水为之而寒于水。”这说明学问是没有止境的,“青出于蓝而胜于蓝”便是学术发展的规律。

在中国古代,“尊师爱生”的佳话不胜枚举。比如宋代程颢和善可亲,学生们和他相处,常感到“如坐春风和气中”。程颐则威严刚毅,有学生见他瞑目静坐而不敢惊动,立于门外等候至雪深尺余,这就是著名的“程门立雪”。朱熹曾批评过官学师生关系淡漠的缺点,师生相见,“漠然如行路之人”。他发扬孔子“诲人不倦”的精神,认为教师应循循善诱,孜孜不倦,与学生建立深厚的感情。朱熹对学生的要求是严格的,但不是消极的防范,而是积极的引导,不重形式的条文规定,而重在启发学生自觉遵守。热心教人、方法得当,才能加深师生情谊,使师生关系更为紧密。朱熹的这些经验,包含了普遍的规律,体现了中国古代教育史上尊师爱生的优良传统,常为后人所称道和借鉴。

练习

一、名词解释

1. 六艺
2. 太学
3. 举孝廉
4. 书院
5. 国子监
6. 科举
7. 学思并重
8. 长善救失
9. 程门立雪

二、思考题

1. 中国古代教育理念与西方教育理念有何根本区别？
2. 中国古代教学思想有何现代意义？

第五章

中国古代科学

一、中医

中医也称汉族医学，起源于汉族，是研究人体生理、病理以及疾病的诊断和防治等的一门学科。中医诞生于原始社会，春秋战国时期中医理论已基本形成，之后在历代均有总结和发展。除此之外，中医对汉字文化圈国家影响深远，日本汉方医学、韩国韩医学、越南东医学等都是在中医的基础上发展起来的。中医承载着中国古代人民同疾病作斗争的经验和理论知识，是在古代朴素的唯物论和自发的辨证论治思想指导下，通过长期医疗实践逐步形成并发展而成的医学理论体系。

中医具有完整的理论体系，其独特之处，在于"天人合一""天人相应"的整体观及辨证论治。中医认为人是自然界的一个组成部分，由阴阳两大类物质构成，阴阳二气相互对立而又相互依存，并时刻都在运动与变化之中。在正常生理状态下，二者处于一种动态的平衡之中，一旦这种动态平衡受到破坏，就会呈现为病理状态。中医在治疗疾病、纠正阴阳失衡时并非采取孤立静止看问题的方法，而是从动态的角度出发，即强调"恒动观"，认为人与自然界是一个统一的整体。人的生命活动规律以及疾病的发生等都与自然界的各种变化（如季节气候、地区方域、昼夜晨昏等）息息相关，人们所处的自然环境不同、对自然环境的适应程度不同，其体质特征和发病规律亦有所区别。因此在诊断、治疗同一种疾病时，中医多注重因时、因地、因人制宜，并非千篇一律。中医认为人体各个组织、器官共处于一个统一体中，不论在生理上还是在病理上都是互相联系、互相影响的，因而从不孤立地看待某一生理或病理现象，而多从整体的角度来对待疾病的治疗与预防，特别强调"整体观"。

《黄帝内经》

《黄帝内经》简称《内经》，是中国现存最早的一部医学理论巨著。它为中医学奠定了较为坚实可靠的理论基础，其成书标志着中医理论体系的初步形成。直到现在，中医运用的传统基础理论仍以《黄帝内经》为主要依据，临床实践也以它为指导。《黄帝内经》作为中国传统文化的经典之作，不仅仅是一部经典的中医名著，更是一部博大精深的文化巨著。它以生命为中心，从宏观角度论述了天、地、人之间的相互联系，讨论和分析了医学科学最基本的命题——生命规律，并创建了相应的理论体系和防治疾病的原则和技术，包含着哲学、政治、天文等多个方面学科的丰富知识，是一部围绕生命问题而展开的百科全书。

《黄帝内经》对世界医学，尤其是东方医学的发展有着不可忽视的影响。日本、朝鲜、越南等国都曾将它列为医学生的必读课本，将其视为医学经典著作。近代以来，《黄帝内经》也引起了西方医学界的重视，部分内容被译为日、英、德、法等国文字。其中的经络理论和针灸疗法，为探索人体未知领域提供了重要线索和依据。作为中国医道之宗的《黄帝内经》，已经成为世界人民共同的医学财富。

《神农本草经》

《神农本草经》是现存最早的中药学专书，大约成书于公元 1 至 2 世纪，又称《本草经》。在中医学中，“本草”就是指中药。

《神农本草经》所记载的药物共 365 种。它最早对药物进行了分类，并简要记载了各种药物的出产地点、别名、形态、药性和治疗功能，初步概括了药物学的一些基本理论，如单味药的使用、复方中的主药与辅助药的配合应用等。

《神农本草经》在医学史上有着重要的价值。一千多年来，许多中药学著作中的内容均取材于《神农本草经》，它为中药学的发展起了重要的奠基作用。

《本草纲目》

《本草纲目》是明朝医药学家李时珍编著的医药学巨作。英国的进化论创始人达尔文将《本草纲目》称为“中国古代的百科全书”并加以推崇，可见李时珍及其《本草纲目》在中国及世界范围内的影响之大。

李时珍大约从 1552 年开始编写《本草纲目》。他阅读了大量医学文献，从多方对药物采集和炼制进行调查，并在行医实践中进行试验，然后分析研究，编写草稿，反复修改。从壮年至晚年，李时珍以近 30 年的时间，终于在 1578 年编写完成了《本草纲目》这部中国医药学史上的皇皇巨著。该书把全部收录的药物清楚地分为 16 个部分，创造了当时世界上最先进的药物分类法。瑞典著名植物分类学家林内到 1741 年才提出类似的分类法，比李时珍晚了 100 多年。

《本草纲目》刊行后在国内外均引起普遍重视。《本草纲目》于 17 世纪初传入日本，随后又被译为拉丁文及法、德、英、俄等文字，成为中国外文译本最多的医学著作。在近代自然科学发展初期，它的传播对当时欧洲大陆的药物学、植物学、矿物学和化学等都产生了一定影响，在世界科学史上占据重要地位。

中药麻醉

中药麻醉是利用中药所具有的麻醉作用来消除病人的感觉。古代中医文献中有相当多使用麻醉中药的记载，其中影响最大的是麻沸散。

远在人类社会初期，人们就在寻找食物的过程中逐渐认识到一些植物有缓解疾病疼痛的效果。这些植物或药物便被人们作为止痛或麻醉药使用。在《神农本草经》中就记载了某些药物的麻醉作用。汉代末年，华佗把“麻沸散”应用于外科的腹腔大手术。《后汉书》《三国志》中都载有华佗使用“麻沸散”施行外科手术并取得惊人效果的医案。华佗还首创了用酒内服“麻沸散”的全身麻醉术，这不仅在中国医学史上是空前的，在世界麻醉学和外科手术史上也产生了极大影响。后世尊华佗为中国外科始祖。

望闻问切

望诊、闻诊、问诊、切诊 4 种方法，在中医中被称为四诊。望，指观气色；闻，指听声息；问，指询问症状；切，指摸脉象。四诊就是指中医运用视、听、嗅、触等感觉功能以及与病人或知情者交谈，全面了解和系统地掌握与疾病相关的各种信息，从而指导临床治疗的诊断方法。四种诊断方法各有其独特作用，不能相互取代，在临床上必须综合运用来对病症作出正确的判断。

针灸和推拿

针灸是中医的重要组成部分。如同中药、推拿一样，针灸也有着悠久的历史，并且至今仍广泛应用于世界各地。针灸是针法和灸法的总称。针法是指在中医理论的指导下把针具按照一定的角度刺入患者体内，运用捻转与提插等针刺手法来对人体特定部位进行刺激，从而达到治疗疾病的目的。刺入点称为穴位。灸法是以预制的灸炷或艾草在体表穴位上烧灼、熏熨，利用热的刺激来预防和治疗疾病。在这类疗法中，艾草最为常用，这种疗法因此也被称为艾灸。

推拿是指运用手指的技巧，在人体皮肤、肌肉组织上连续动作来治病，这种方法也称作按摩疗法。推拿是中国起源很早的一种治病防病的养生术。在中药汤剂还未出现的时候，推拿的方法就已用于治疗疾病。推拿技术发展到今天，已有数千年的历史。推拿疗法适用于各个年龄段，副作用少，可作为一种普遍应用的自我保健方法。

二、天文历法

中国古代的宇宙观

中国古代人民将宇宙视为一个整体，探讨所居住的大地在其中所处的位置，即天和地的关系，从而出现了宇宙结构理论。在中国古代，天体学说主要包括盖天说、浑天说、宣夜说。

“盖天说”出现于商末周初，其主要观点为天在上、地在下，天为一个半球形大罩子。南北朝时期鲜卑族的民歌《敕勒歌》中有“天似穹庐，笼盖四野”两句词，就是对“盖天说”的形象化说明。

“浑天说”主张天是一整个圆球，地球浮于其中。汉代天文学家张衡在其《浑天仪图注》中说：“浑天如鸡子，天体圆如弹丸，地如鸡子中黄，孤居于天内，天大而地小。天表里有水，天之包地，犹壳之裹黄……天转如车毂之运也，周旋无端。其形浑浑，故曰浑天。”

“宣夜说”则认为“天”并没有一个固定的天穹，只不过是无边无涯的气体，日月星辰就在气体中飘浮游动。这种思想与现代天文学的许多结论一致，从科学规律上讲，比“盖天说”和“浑天说”更为进步。

《授时历》

元代郭守敬认为，制定历法必须以实际测量为基础，而要进行观测必须有先进的仪器。为了精确汇集天文数据以备制定新的历法，郭守敬简化了中国传统的观测仪器浑仪，精心设计、创制了一整套闻名世界的天文仪器。郭守敬使用这些仪器进行了一次全面的测天工作，并在此基础上编成了中国历史上最为优秀的星表。

同时，郭守敬根据测验结果，参考了大量天文资料和多种历法，按照日月五行在太空运行的自然规律，在 1280 年编制了代表中国古代传统历法最高成就的《授时历》。《授时历》推算出的一个回归年为 365.2425 日，与近代观测的地球绕太阳公转的实际时间只差近 26 秒，精度与公历纪年法（俗称阳历）的周期相当，但公历纪年法是 1582 年才开始使用的，比郭守敬的《授时历》晚了 300 多年。

《授时历》是中国古代最优秀的历法，也是使用时间最长的历法。自元代颁布开始，一直到清初，各朝代行用的历法实际上都是《授时历》，只是名称有所变化而已。

二十四节气

二十四节气是我国古代历法的重要组成部分。古人根据太阳一年内的位置变化以及所引起的地面气候的演变次序，把一年的天数分成 24 段，分列在 12 个月中，以反映四季、气温、物候等情况，这就是二十四节气。二十四节气的名称和顺序为：立春、雨水、惊蛰、春分、清明、谷雨、立夏、小满、芒种、夏至、小暑、大暑、立秋、处暑、白露、秋分、寒露、霜降、立冬、小雪、大雪、冬至、小寒、大寒。

二十四节气实际上是把太阳周年运动轨迹划分成 24 等份，每一等份为一个节气，每相邻两个节气相差一般为 15 天。

立春、立夏、立秋、立冬分别表示四季的开始。公历一般在每年的 2 月 4 日、5 月 5 日、8 月 7 日和 11 月 7 日左右。

夏至、冬至表示夏天、冬天到了，日期一般在每年公历的 6 月 21 日和 12 月 22 日左右。

春分、秋分表示昼夜长短相等，一般在每年公历的 3 月 20 日和 9 月 23 日左右。

雨水表示降水开始，雨量逐步增多。公历每年的 2 月 18 日前后为雨水。

惊蛰即春雷乍动，惊醒了蛰伏在土壤中冬眠的昆虫。这时气温回升较快，渐有春雷萌动。每年公历的 3 月 5 日左右为惊蛰。

清明含有天气晴朗、清新明洁之意。公历每年 4 月 5 日前后为清明。

谷雨表示雨水增多，大大有利于谷类作物的生长。公历每年 4 月 20 日前后为谷雨。

小满含义是夏熟作物的籽粒开始灌浆饱满但仍未成熟。每年公历 5 月 21 日前后为小满。

芒种表示麦类等有芒作物成熟，夏种开始。每年的 6 月 5 日左右为芒种。

小暑、大暑、处暑都包含“暑”字，暑是炎热的意思。小暑即天气还未达到最热，大暑表示最热时节，处暑是暑天即将结束的日子。它们分别处在每年公历的 7 月 7 日、7 月 23 日和 8 月 23 日左右。

白露表示气温开始下降，天气转凉，早晨草木上有了露水。每年公历的 9 月 7

日前后是白露。

寒露时节，空气已结露水，渐有寒意。这一天一般在每年公历的 10 月 8 日。

霜降之后天气渐冷，开始有霜。霜降一般在每年公历的 10 月 23 日。

小雪、大雪意味着降雪时节到来，小和大表示降雪的程度。小雪在每年公历 11 月 22 日左右，大雪则在 12 月 7 日左右。

小寒、大寒表示天气进一步变冷，大寒为一年中最冷的时候。小寒、大寒分别为公历 1 月 5 日和 1 月 20 日左右。

三、数学

数学是一切科学技术发展的基础，素有“科学之王”的美誉。中国古代人民以非凡的勤劳和智慧，在数学王国里耕耘拼搏，取得了许多一流的研究成果。

十进位值制

在对世界科学的诸多贡献中，中国古代数学领域的十进位值制首屈一指。商代甲骨文中已经有了一、二、三、四、五、六、七、八、九、十、百、千、万等数字的记载，并且采用了十进位值制的计数方法。这种记数法与现行的阿拉伯数字计数法除符号不同外，没有任何差异。欧洲 12 世纪前使用的罗马累计法，既不利于思维过程的表达，加减运算也非常困难。古巴比伦人和中美洲的玛雅人虽然采用位值制，但巴比伦是六十进位，玛雅人是二十进位。印度到公元 6 世纪末才开始使用十进位值制，而且很可能是受到中国的影响。英国学者李约瑟曾指出，西方后来所习见的印度数字的背后，位值制早已在中国存在两千年。他高度评价，如果没有这种十进位值制，就几乎不可能出现现在这个各国科学统一化的世界。

《九章算术》与魏晋南北朝算学

如同欧几里得《几何原本》影响了整个欧洲数学一样，大约于公元 1 世纪成书的《九章算术》也对中国古代数学产生了非常深刻的影响。该书共 9 章，包括 246 个数学问题，其中记载的各种算法和定理对古代世界许多长期未能圆满解决的问题提供了方法。它是一本综合性的历史著作，其出现标志着中国古代数学形成了完整的体系。《九章算术》不仅在中国数学史上占有重要地位，对世界数学的发展也产生了很大影响。在阿拉伯国家和欧洲的早期数学著作中，“盈不足”(类似于现代的行列式解法)也被称为“中国算法”。

刘徽和祖冲之是魏晋南北朝时期两位耀眼的数学巨星。刘徽第一次提出了极限思想,并创用割圆术,由圆内接正 192 边形计算出圆周率为 3.1416,指出圆内接正多边形的边数无限增加,其周长就愈逼近圆周长。祖冲之一生钻研自然科学,其主要贡献在于数学、天文历法和机械制造三方面。他在刘徽开创的探索圆周率的精确方法的基础上,首次将"圆周率"精算到小数第 7 位,即在3.1415926和3.1415927之间,他提出的"祖率"对数学研究有重大贡献。直到 16 世纪,阿拉伯数学家阿尔卡西才打破了这一纪录。

宋元算学

宋元时期是中国古代数学高度发展的时期,涌现出一大批卓有成就的数学家。11 世纪上半叶,贾宪在《黄帝九章算法细草》中提出指数为正整数的二项式定理系数表(贾宪三角),可以求出任意高次方程的数值解。1247 年,秦九韶在《数书九章》中提出的"大衍求一术"(一次同余式解法)和"正负开方术"(高次方程的求正根法),都遥遥领先于世界。

金元时期数学家李冶的《测圆海镜》也是一部惊世之作,它系统论述的"天元术"(一元高次方程)比欧洲的相关研究早了近 3 个世纪。元代朱世杰进一步推广"天元术",在《四元玉鉴》中创"四元术"(四元高次方程组),与现代的消元解法基本一致。朱世杰与秦九韶、李冶、杨辉并称为"宋元四大数学家"。

四、中国古代技术

四大发明

中国古代的四大发明享誉世界。火药、指南针、造纸术和印刷术是中华民族为人类文明进步所作的巨大贡献,改变了整个世界历史进程。四大发明也反映了中国人民的伟大创造力。

• 火药

早在商周时期,人们就已经在冶金中广泛使用木炭。春秋战国时期,人们又认识到了硝石和硫黄的性能。唐代便有了对火药的记载。唐初著名医学家孙思邈和唐中期炼丹家清虚子,均有意识地对硝、硫、炭混合物的剧烈燃烧实施控制。

火药发明以后,首先被用在军事上。火药在武器上的应用是武器史上的一大革命,火药武器的出现直接推动了火药的研究和大规模生产。北宋末年,在抗金战争中，宋军进一步将燃烧性火器发展成爆炸性火器，创造了"霹雳炮"。南宋时期还出现了近代枪炮的雏形——火枪。元代开始出现铜或铁铸成的筒式火炮——火铳，因其威力巨大，而在当时被称为"铜将军"。

• 指南针

指南针将人类无法感知的地磁信息转换为视觉可见的空间形式，是一项伟大的发明。指南针的发明时间可追溯至战国时期，在当时被称为"司南"。据东汉学者王充介绍，司南是用天然磁石磨制而成的，其形如勺，底圆，放在平滑的地盘上，勺柄就会自动转向南方。这就是世界上最早的指南针。

之后，指南针从最初简单的以磁石指示南北的司南形态，历经不断改进和发展，逐渐增加了方位刻度、天干地支等标识以及更稳定的支撑装置等元素，最终演变成能够更精确测定方向、提供更多方位信息且在航海等领域广泛应用的罗盘。罗盘的出现给航海业带来了划时代的影响。到元代，航海已完全依靠罗盘指引航向。宋代中国的航海业高度发达，中国商船在南洋、印度洋、波斯湾一带极为活跃，阿拉伯人不久就从中国人这里学会了使用指南针来导航。1180 年左右，指南针又由阿拉伯人传至欧洲，推动了世界历史的发展。

• 造纸术

纸的发明是人类文字载体的一次革命。在植物纤维纸出现之前，人们书面交流思想、传播知识信息，只能采用各种原始粗重的书写材料。例如，苏美尔人使用泥板，迦勒底人使用砖刻，巴比伦人使用石刻，古罗马人使用铜板，古埃及人使用纸草，古印度人使用贝多叶，拍加曼人使用羊皮。在中国，商代时期的人使用龟甲、兽骨、金石，战国、秦汉时期的人多使用竹、木、缣帛，等等。这些材料或不够有韧性，或过于笨重，或成本过高，都不是理想的书写材料。

1957 年在西安灞桥出土的西汉初期的麻纸，是现存的世界上最早的植物纤维纸。可见中国早在公元前 2 世纪就发明了造纸术。公元 105 年，东汉宦官蔡伦完成了造纸技术的重大革新，他采用树皮、麻头、破布、渔网作原料，不仅扩充了造纸的原料来源，降低了成本，而且极大地提高了纸的质量。这种纸被称为"蔡侯纸"，不易破损、价格低廉，柔软便携且易于保存。由此，纸张的使用得到迅速推广，后世因此公认蔡伦为纸的发明者。

中国造纸技术大约在 3 世纪传入越南；4 世纪传入朝鲜；5 世纪传入日本；7 世纪传入印度；8 世纪从中亚传入阿拉伯，而后到达叙利亚、埃及和摩洛哥；12 世纪传入欧洲。1150 年,西班牙建立了欧洲第一家造纸厂,距蔡伦造纸已有 1000 多年。此后,法、意、德、荷、英、俄、美等国也先后建厂造纸,中国的造纸术传遍全世界。

造纸术的发明是中国古代技术的一项重大成就,为人类的文化传播、思想交流和科学发展,提供了不可缺少的信息存贮和传递手段。

· 印刷术

有了纸,就有了现代意义上的书籍。但书籍在很长一段时间里都要靠手抄,一本书如要制成 100 本,就要抄上 100 次。卷帙浩繁的著作则要抄写几年甚至更长的时间。在相互传抄的过程中,常会发生抄错、抄漏的现象,这就大大限制了书籍传播信息的功能。

印刷术的发明,开创了书籍的历史新纪元。晋人借鉴古代印玺和石刻的经验,发明了墨拓技术。隋代在墨拓的基础上发明了真正的印刷术——雕版印刷。公元 868 年印刷的《金刚经》墨色浓厚匀称,清晰鲜明,表明当时的印刷技术已经达到高度成熟的程度。这件珍品一直保存至今,是目前世界上最早的、有明确日期记载的印刷物。宋代的雕版印刷技术更趋完善,宋代以后还出现了铜板印刷和更为复杂的、高度精密的彩色套印技术。将这种套印技术与版画技术相结合,便能制出精美的套色版画。明清时代许多优秀版画已成为世界艺术的珍品。

随着印刷需求的迅速增长,雕版印刷的缺点也日趋显露出来。每印一部书就要雕一次版,不仅费力,而且耗时。于是,就在雕版印刷全盛的宋代,平民毕昇在 1041 至 1048 年间发明了活字印刷术:用胶泥刻成单字烧硬,再拼版印刷。这一发明大大节省了雕版人力,缩短了出书周期,既方便,又经济。这是印刷史上又一次重要的技术革命。继泥活字出现后,元代又出现了木活字、锡活字和铜活字。元代的锡活字和铜活字,是世界上最早的金属活字。元代农学家王祯发明了转轮排字架,采用以字就人的科学方法,既提高了排字效率,又减轻了排字工人的体力消耗。到了明代,又出现了铅活字印刷技术。

中国的活字印刷术大约在 14 世纪传到朝鲜和日本,15 世纪传到欧洲。公元 1456 年在德国古登堡出版的《圣经》,是欧洲人用活字印刷术印刷的第一部重要作品,比毕昇晚了 400 多年。自此,雕版与活字印刷流行于欧洲。1460 年,意大利建立了欧洲第一家印刷厂,此后欧洲各国的印刷厂便如雨后春笋般建立起来。印刷术在欧洲的出现,从根本上改变了欧洲的社会文化环境,为当时欧洲的宗教改革和文艺复兴运动提供了极有力的武器,使近代科学从中世纪欧洲的漫长黑夜中腾飞,推动了资产阶级的兴起和思想文化传播。

农业技术

中国有着悠久的农业生产历史。在长期的耕作实践中，中国古代农业形成了精耕细作的优良传统。在此传统下，历代农学家都对土壤施肥、耕作、田间管理等进行了深入研究，并取得了显著成果。与农业发展紧密相连的，是农业机具的制造和水利工程的修建。中国古代农业机具制造技术非常先进，原始社会时期便出现了耒和锄，春秋时期出现了灌溉提水工具辘轳，战国时期出现了牛耕技术和铁制的犁，东汉时期出现了相当先进的灌溉机具——龙骨水车。此后农具随着生产技术的提高而不断完善，宋元时期农具的制造居于世界领先地位。

中国古代水利工程在世界上也占据着极其重要的地位。公元前597年前后修建的芍陂水利工程是我国最早的大型筑堤蓄水灌溉工程。建于公元前3世纪的都江堰工程具有防洪、灌溉、航运三种作用，建成后，成都地区成为沃野，被称为“天府之国”。秦汉以后，各地因地制宜，修建了多种多样的水利工程，对农业的发展起到了极大的促进作用。

随着农业的发展，农学著作也日益丰富。《齐民要术》和《农政全书》是古代中国极其重要的农学著作。《齐民要术》由北魏贾思勰所著，共10卷，着重介绍了农、林、牧、副、渔各项技术知识，书中一些关于农学和生物学的知识领先世界一千多年。《农政全书》由明代徐光启所著，共60卷，包括农本、田制、水利、农器、农时、开垦、栽培、蚕桑、牧养、酿造以及备荒救荒等多方面内容。该书吸取了一些西方先进的农学知识，提倡种植外来作物，打破了风土不宜说。

其他技术

• 制瓷

中国素有“瓷器之国”的美誉。早在商周时期，就出现了原始青瓷。唐代瓷器的制作与使用更为普及，越窑以生产青瓷闻名全国，邢窑则以烧制白瓷而著称。宋代制瓷业趋于完善，出现了著名的五大窑，即官窑、钧窑、哥窑、定窑、汝窑，所烧瓷器均为上品。明清两代，江南景德镇成为中国制瓷中心。

• 造船

在造船领域，早在新石器时代，人们便知道用树干制作筏子。秦汉以后，中国的造船业逐渐发展壮大。秦汉时期出现了各种类型的船只，造船技术已达到很高水平，如汉代所造的楼船，甲板上达三层，用途非常广泛。宋元时期，造船业走向繁荣，无论是造船技术还是船只都居于世界前列。明代造船业达到顶峰，出现了许多颇具规模的造船厂。明代郑和曾七次下西洋，最远到达了非洲东海岸，所乘船只质量极高。然而，自明后期至清代，朝廷闭关锁国，多次颁布禁海令，使造船业受到很大冲击。

• 纺织

古代中国纺织业非常发达，尤以丝织业为代表。古代中国被西方称为“丝之国”。长沙马王堆汉墓出土的一件素色纱制禅衣，衣长 128 厘米，重量却只有 49 克，足见当时纺织技术已达到很高的水平。张骞出使西域后，中国丝绸便走向世界。此后中国丝织业在历代都得到发展，工艺不断提高，品种日趋丰富。

在纺织机械方面，原始社会时期便出现了纺缚；西汉时，手摇纺车开始定型，提花机也初具规模；宋代出现了水转大纺车；元代黄道婆改进旧的纺车，大大提高了纺织效率。宋元时期，纺织机已演进为多锭构造，在当时的世界范围内处于领先地位。

• 冶炼

中国古代冶炼技术在殷商时开始起步。殷商时期，人们已掌握据火焰颜色辨别青铜纯度的方法，青铜铸造技术非常发达。春秋战国时期，人们掌握了生铁冶铸技术，铁制工具日益增多，此后又出现了炼钢技术。古代炼钢主要采用“百炼钢”法，即在炼制过程中将许多薄铁片反复加热、折叠、锻打而制成钢。大约在东汉末又出现了灌钢技术，即将熔化的生铁与熟铁合炼成优质钢，这是当时最先进的炼钢技术。

在古代冶炼技术中，铸造技术占有重要的地位。古代铸造技术主要包括泥范铸造、铁范铸造和熔模铸造，其中熔模铸造法最为精密。与冶炼工艺相结合的冶炼工具设备亦不断改进。春秋时期，人们已开始用竖炉炼铜，以高炉冶铁。东汉时出现了利用水力鼓风的“水排”，宋明时出现了活门式木风扇和活塞式木风箱，这些设备在当时都处于世界前列。

练习

一、名词解释

1.《神农本草经》

2.《黄帝内经》

3. 四诊

4.《九章算术》

5. 宋代五大窑

6.《齐民要术》

7. 都江堰

二、思考题

1. 如何看待中医的整体观？

2. 四大发明在世界历史上有何重要意义？

第六章

中国古代文学

中国古代文学是世界文学史中历史悠久、成就辉煌的重要组成部分。自先秦以来,中国古代的文学创作一直以其“文以载道”的社会功效为历代统治者所倡导。正因如此,中国古代文学在长达三千多年的发展历程中,不断孕育出“一代有一代之所胜”的文学作品形式,在诗歌、散文、辞赋、小说、戏曲等方面积累了极为丰厚的、令世界为之瞩目的文化遗产,深刻而生动地体现着中国文化的基本精神。

一、中国古代文学的奠基时期

先秦时期是中国古代文学的奠基时期,这一时期出现的《诗经》与《楚辞》既是中国古代文学的源头,也是中国文学创作手法上现实主义和浪漫主义的开山之作。以《诗经》和《楚辞》为代表的现实主义和浪漫主义的文学创作传统,对以后的中国文学产生了深远的影响。

《诗经》

《诗经》是中国古代第一部诗歌总集,共收录西周初期至春秋中叶的诗歌作品305篇,分为《风》《雅》《颂》三部分。《风》采自各诸侯国不同地区的民谣,《雅》是宫廷乐歌,《颂》则是王室用于宗庙祭祀的乐歌。这300多首诗从各个角度反映了当时社会广阔的生活画卷。

《楚辞》

《诗经》之后300年左右,中国古代诗歌出现了另一部里程碑式的作品——《楚辞》。如果说《诗经》是以写实的手法反映丰富多样的社会生活,那么《楚辞》则是以浪漫主义的瑰丽想象抒发作者的思想感情。《楚辞》的主要作者是屈原,以《离骚》《天问》《九章》《九歌》等最为有名。屈原身处战国列强纷争、战祸不息的年代,他志行高洁,在作品中执着地表现对美好理想的向往和追求,所运用的浪漫主义的借喻、象征等表现手法亦成为后世文学创作的典范。

先秦散文

在从《诗经》到《楚辞》的300多年间，正是先秦文化非常活跃的时期，在这一时期，散文著作异彩纷呈。先秦散文主要包括诸子散文和历史散文。诸子散文追求说理、叙事的实用功效，但其中的艺术性（如比兴手法的大量运用、叠句排比的巧妙铺陈）也不容忽视。诸子散文早期以《论语》《墨子》为代表，主要采用语录体形式，其主要特点是说理简洁、语言洗练，行文自然明快。后期诸子散文以《孟子》《庄子》《韩非子》等为代表，这类作品已不再采用语录体，而是用对话式论辩文或专题论文来展现作者的思想与艺术风格。其中，《庄子》中的文章恣肆瑰丽，充满着神奇的想象和浪漫情调，在先秦散文中独具个性风采；《荀子》中的文章则以议论见长，通过旁征博引来明事理；《韩非子》中的文章不仅峻峭犀利，而且善于运用诸如"自相矛盾""守株待兔"这样的寓言故事进行说理。这些作品都标志着先秦散文创作已走向成熟。

除此之外，先秦的历史散文也取得了令人瞩目的成就。如果说早期的《尚书》《春秋》可视为历史散文的滥觞，那么，随着古人对历史认知的逐步深化和写作技巧的日益提升，以《左传》《国语》和《战国策》为代表的历史散文创作，在先秦时期已初步成型。

正是基于先秦时期在诗歌与散文方面的开创性成就，先秦文学被视为中国古代文学史上光辉灿烂的第一页，为之后的文学发展打下了坚实的基础。

二、中国古代文学的发展时期

自秦统一中国至唐中叶这段时期是中国古代文学的发展时期，这一时期的主要文学形式是汉赋与唐诗。

汉赋

公元前221年，秦王嬴政统一中国，掀开了中国历史新的一页。但秦王朝存在时间很短，文学成就不高。汉王朝建立后，采取了一系列相较于秦更为宽松的文化政策，文学创作获得了生机。这段时期诞生了一种新的文学形式——汉赋。

汉赋介于诗与散文之间，是一种铺张扬厉的用韵散文。奠定汉赋在汉代文坛主导地位的代表性作家是司马相如，其代表作有《子虚赋》《上林赋》。司马相如之后的重要赋家则有扬雄、班固、张衡、蔡邕等人。

除了赋以外,汉代的散文也取得了新的成就,其中司马迁的《史记》堪称翘楚。《史记》以洋洋52万余言记载了自传说中的黄帝至汉武帝间约3000年的历史,开创了纪传体史书和传记文学的范例,被鲁迅先生称为“史家之绝唱,无韵之《离骚》”。

乐府民歌与五言诗

代表两汉诗歌新成就的是乐府民歌和五言诗。汉乐府的名篇《孔雀东南飞》有1700余字,是中国古代第一部长篇叙事诗。而两汉的五言古诗则下启魏晋三曹及建安七子的诗歌创作。陶渊明的田园诗不仅代表了五言诗发展在魏晋南北朝时期的最高成就,而且为古典诗歌开辟了一个新领域。正是从陶渊明开始,田园诗不断得到发展,至唐代形成了田园山水诗派。从这个意义上说,陶渊明的诗作是唐诗横空出世之前古代诗歌创作的一座高峰。

唐诗

中国古代文学发展至唐代迈向了新的高峰。这一时期的诗歌发展几乎达到了空前绝后的繁荣局面。这种繁荣局面的出现,既是国力强盛、经济发达的民族自信心在文学创作中的反映,也得益于当时统治者实行儒、释(佛)、道三家并存的文化开放政策。这一时期的诗人如群星灿烂,异彩纷呈。

在唐诗气象孕育于斯的初唐时期有被称为“初唐四杰”的王勃、杨炯、卢照邻和骆宾王,他们努力开拓诗的新题材和新气象,创作了大量刚健清新、感情质朴的诗篇。而陈子昂及其诗作《登幽州台歌》的出现则标志着唐诗勃兴时代的来临。

真正代表盛唐之气象的是李白和杜甫。作为盛唐文化精神哺育出来的诗人,李白生活的时期几乎与盛唐时期相始终。李白是伟大的浪漫主义诗人,他不仅有着博大的胸襟和不羁的性格,而且有着纵横驰骋的非凡想象力。正是这种创作个性使他的诗作有一种吞云吐雾、排山倒海的气势和艺术感染力。《蜀道难》《将进酒》《梦游天姥吟留别》等都是脍炙人口的名篇。杜甫在称赞李白的诗作时曾有这样的感叹:“笔落惊风雨,诗成泣鬼神。”李白诗作中的这种无比神奇而浪漫的艺术风格,将唐诗发展带入了一个几乎令后人难以企及的高峰。

稍晚于李白的杜甫则在现实主义的表现手法方面为唐诗发展建立了另一座丰碑。杜甫生活在唐中叶,是唐朝由盛向衰的转变时期,公元755年爆发的安史之乱是这一转变的关键。杜甫经历了开元盛世,也亲历了安史之乱后万方多难的动乱岁月。他曾长期生活在社会底层,这使他能够深刻地描绘出苦难时代的生活画卷,并由此而登上古代诗歌创作的现实主义高峰。作为伟大的现实主义诗人，杜甫创作的诗不仅具有丰富的社会内容和鲜明的时代色彩，而且充溢着爱国主义和不惜自我牺牲的崇高精神。因此，自唐以来，杜甫的作品被誉为"诗史"。他的名篇《兵车行》《丽人行》《春望》以及"三吏""三别"等都堪称诗史之作。杜甫诗作中的一些名句，如"朱门酒肉臭，路有冻死骨"，已成为那个时代社会现状的深刻写照。

为盛唐时期的唐诗气象添光增彩的诗人还有很多，如孟浩然、王维、高适、岑参、王昌龄、王之涣、元稹、韦应物、李益等。他们或以山水田园、或以边塞风光为题材，留下了许多名篇佳作。而倡导"新乐府运动"的现实主义诗人白居易则是唐代诗人中创作最丰富的诗人，其代表作有《长恨歌》《琵琶行》等。白居易的创作语言平易近人，他的诗曾广泛流传于社会各阶层乃至国外。中唐后期的诗歌创作以韩愈、孟郊、柳宗元、刘禹锡、李贺等人为代表，出现了艺术风格多样、流派纷呈的全面繁荣景象。

三、中国古代文学的精细化、多样化发展时期

就中国文学发展的内在逻辑而言，唐中叶至整个元代可称为词曲与话本小说时期。这是中国古代文学进一步向精细化和多样化发展的时期。

宋词

词是诗的一种别体，萌芽于南朝，是隋唐时兴起的一种新的文学样式。词最初是配合宴乐乐曲而填写的歌词，词牌是词的调子的名称，不同的词牌在总句数、每句的字数以及平仄上都有规定。进入宋代后，我国古代的词创作发展至鼎盛，词也因此成为宋代文学的主要标志。这一时期的词家可谓群星璀璨，词坛出现了百花争艳的繁荣景象。北宋前期，晏殊、欧阳修、晏几道等致力于小令词的创作，形成宋词的婉约派风格，此时的宋词多有雍容娴雅的富贵气。

宋词发展至柳永开始出现革新。柳永一方面把词从士大夫的小圈子里解放出来，开始面向市民生活；另一方面一改宋初以小令为主的局面，创作了大量长调、慢词，融叙事、写景和抒情为一体。柳永在创作中特别注重语言的平实浅近，其作品富有平民气息，因此流传极广。

另一个代表宋词巅峰成就的是苏轼。继柳永之后，苏轼进一步拓展了词的表现题材，把艺术的笔触伸向更为广阔的社会现实生活和个人丰富的内心世界。在艺术上，苏轼大胆突破声律的束缚，自由挥洒，令人耳目一新；在内容上，他也不拘

一格，几乎达到无意不可入、无事不可言的程度。所以，在苏轼的词中，除通常的写景、抒情之外，还可以见到怀古、记游甚至谈理说禅之作。他的代表作《念奴娇·赤壁怀古》写江山人物，贯通古今，意境雄浑，开宋词豪放之风气。

在柳永与苏轼之后，秦观、黄庭坚、周邦彦等人也以自己的创作成就共同造就北宋词坛风格各异、色彩缤纷的繁荣局面。秦观虽为苏轼的学生，其词风却与苏轼迥异，在《鹊桥仙》等作品中流露出浓郁的柔婉情调。集北宋婉约词之大成的周邦彦精通音律，善于把握句法结构的变化，其作品精美流畅，沿袭了柳永词的婉约风格。周邦彦的词标志着宋词艺术从内容到形式的完全成熟。

词作为宋代的代表性文学，在南宋时期依然有长足的发展。公元 1127 年靖康之变后，词的发展进入了一个新的时期。在南北宋之交，中国古代最伟大的女词人李清照登上了历史舞台。她的词意义深远，情感细腻，语言清新，尤其是避乱江南后的词作（如《声声慢》等）更是具有动人心魄的艺术感染力。

南宋初期的词人大都经历过惨痛的靖康之变，因而他们的词作多反映当时动荡的社会生活。这一时期的著名词人有张元幹、张孝祥等人，他们上承苏轼词作的壮怀激烈，下启辛弃疾词风的雄奇阔大。

南宋最伟大的爱国主义词人当推辛弃疾，他生逢南宋王朝的衰落之际，在他的词作中处处可感受到郁愤深积的爱国情怀。在艺术风格上，辛弃疾继承了苏轼词作的风格，并发展得更为雄奇豪迈。辛弃疾驾驭语言的功力极深，尤其善于将经史子集之语熔于词作中，使宋词的艺术表现手法得到新的突破。

唐宋八大家与古文运动

唐宋八大家包括唐代的韩愈、柳宗元以及宋代的欧阳修、苏洵、苏轼、苏辙、王安石、曾巩。八位文学家并提，是因为他们都是古文运动的倡导者与实践者。

古文是相对骈文而言的奇句单行、不讲究对偶声律的散文。魏晋以后骈文盛行，骈文句法整齐，辞藻华丽，形式与内容脱节。“八大家”倡导古文运动，就是要反对骈文的不良风气，恢复先秦汉代内容充实、长短自由、质朴流畅的散文传统。古文运动最早由韩愈发起，得到柳宗元的响应。韩愈提出了一套完整的古文理论，主张尊尚古道、写作古文，做到“文以载道”，指出学古的用意是在继承传统的基础上进行创新，强调写文章要做到充实的内容与完美形式的统一，以及文体和语言的革新，注重文学的社会作用，反对空发议论。韩愈在创作中实践自己的理论，他的散文构思严密、气势宏大，具有鲜明的时代特征和艺术特色。柳宗元重视文学的实际社会功能，强调严肃的写作态度。他的散文很有特色，除政论外，还善于用寓言来讽刺、抨击丑恶现象。他的《三戒》(包括《临江之麋》《黔之驴》和《永某氏之鼠》),通过对三种动物的描摹来嘲讽现实,语言犀利生动,篇幅短小但波澜起伏,体现出高度的幽默讽刺艺术。

唐代古文运动开启了文坛新风气,在文学史上有着不可磨灭的影响。宋代六大家继承唐代古文运动的精神,巩固了前人的成果。欧阳修是北宋诗文革新运动的领袖。他继承唐代古文运动的精神,提倡简约自然的文风,强调文章的社会功用。他的散文大多内容充实、平易自然、流畅婉转,构思曲折严密。《朋党论》《醉翁亭记》《泷冈阡表》等都是历代传诵的名作。欧阳修倡导的诗文革新运动,改变了唐末以来的形式主义文风。他还提拔了王安石、曾巩、苏氏父子等散文家,对他们的创作产生了很大影响,同时为振兴北宋文坛培养了中坚力量。

苏洵、苏轼、苏辙合称"三苏",他们都积极参与和推进欧阳修倡导的古文运动,在散文创作上取得了很高的成就,是北宋文坛的重要力量。苏轼重视文学的社会功能,强调文章内容与形式的统一,鼓励革新独创,并以扎实的功力和奔放的才情,发展了欧阳修平易舒缓的文风,为散文创作开辟了新天地。他的政论见解新颖,不落窠臼;叙事文借事寓理,文意含蓄,发人深思;游记不仅描摹真切,而且善于寓情理于景色。苏轼叙事纪游的散文拥有很高的艺术价值,如《赤壁赋》《石钟山记》《书刘庭式事》等,都是广为传诵的名作。

王安石非常看重文章的实际作用。他最擅长论说文的创作,文章结构严密,分析透彻,措辞大胆又恳切,很有说服力,代表作有《上仁宗皇帝言事书》。他的记叙文不重写景状物,而侧重借事说理;抒情祭文语言古朴,情意真挚,很有感染力,以《祭欧阳文忠公文》最为著名。

曾巩很赞同欧阳修在古文创作上的主张,但他更重视阐发义理。基于这种观点,他的文章自然淳朴,立论精确,论证严密,条理清晰。他擅长议论文和叙事文,代表作有《上欧阳舍人书》《道山亭记》等。

元曲

元灭宋后,随着城市经济的进一步繁荣,中国文学史又迎来了通俗文学的大发展时期。元曲是盛行于元代的一种文艺形式,包括杂剧和散曲。杂剧带有浓厚的民间意识和市民文化色彩,它的艺术成就主要体现在将民间质朴的语言风格与文人优美的文笔相结合,既明白如话、妇孺能解,又流畅隽永。杂剧中的精彩唱词就像优美的抒情诗词,可以说是对中国古典诗词抒情传统的直接继承和发展。

作为杂剧的奠基人和剧坛领袖,关汉卿创作的剧作题材广泛,艺术表现手法独到。他善于将现实主义精神和理想主义色彩融为一体，使作品雅俗共赏。如在《窦娥冤》中，他通过一个普通妇女蒙冤屈死而使天地变异、六月飞雪的悲剧故事，展现了当时社会底层人民的悲惨处境，表现了作者同情劳苦大众、疾恶如仇、渴望社会公正的思想情感，作品极具思想性和艺术震撼力。

马致远的剧作则多描写文人或失意或隐逸的生活情趣，常用借古喻今的手法来表现自己的思想和情感。他的作品深得当时知识阶层的喜爱。在其代表作《汉宫秋》中，马致远不落"红颜薄命"的窠臼，突出汉元帝对昭君的真爱和昭君的爱国爱民情怀，作品主题深刻，曲词优美。

王实甫的《西厢记》则通过描写贵族女子崔莺莺和书生张君瑞曲折的爱情故事，控诉了封建礼教的罪恶，热情歌颂了青年男女冲破礼教、勇敢追求自由生活的抗争精神。作品情节扣人心弦，结构严谨，对人物心理的刻画细致入微，语言生动华丽，充满诗意的氛围。

除了以上各代表性作家的作品外，杂剧的名作还包括白朴的《梧桐雨》《墙头马上》，杨显之的《潇湘雨》，纪君祥的《赵氏孤儿》，康进之的《李逵负荆》，等等，这些作品都在中国文学史上占有重要地位。

散曲则是一种配合流行曲调清唱的抒情诗体。元代前期的散曲创作以关汉卿和马致远为代表。关汉卿的散曲细腻真切且用语平俗，能唱能诵。马致远的散曲题材极其广泛，在艺术风格上追求诗词意境，文采斐然。《天净沙·秋思》堪称马致远艺术风格的集中体现，寥寥数语便营造了浓浓的诗画意境。

四、中国古代文学的总结时期

在中国古代文学发展史中，明清时期也可称为小说和传奇时期。这是中国古代文学进入反省和总结的时期。在这一时期，中国封建社会步入晚期，封建统治者实行高度的中央集权制，并加强对思想文化的控制。尽管如此，由于城市经济的发展和市民意识的增强，加之明后期资本主义经济萌芽的出现，文学创作获得了新的土壤，适应市民生活情趣的通俗文学（如小说、传奇、戏曲等）得以长足发展。

长篇章回体小说

按照题材类型，长篇章回体小说可划分为广义的历史演义、英雄传奇、神魔、世情、讽刺、公案六类，或狭义的讲史（包括英雄传奇、公案侠义）、世情（包括人情和讽刺）、神魔三类。《三国演义》《水浒传》《西游记》《金瓶梅》这四部小说被称为明代

"四大奇书",题材内容上分属历史演义、英雄传奇、神魔小说和世情小说。明代中叶,这四部小说以完整的形式流传开来。至清代乾隆年间《红楼梦》的出现,古代长篇章回体小说达到了高峰。

长篇章回体小说的开山之作是明初罗贯中所撰的《三国演义》。罗贯中的《三国演义》是在民间传说和艺人话本的基础上,以史料为核心,将虚构与写实相糅合而创作的一部奇书。《三国演义》可大致分为黄巾起义、董卓之乱、群雄逐鹿、三国鼎立、三国归晋五大部分,描写了从东汉末年到西晋初年之间近百年的历史风云。该书以描写战争为主,讲述了东汉末年的群雄割据混战和魏、蜀、吴三国之间的政治和军事斗争,最终司马炎一统三国,建立晋朝。这部小说反映了三国时代各类社会斗争与矛盾的转化,概括了这一时代的历史巨变。

《三国演义》在史传基础上营造的小说世界,真实生动地再现了汉末以来各种势力集团间的政治、军事和外交方面的矛盾斗争,其中所积淀的丰富的历史文化内涵、智慧谋略至今仍给后人以深刻的启迪。小说涉及 400 多个人物,主要人物如诸葛亮、刘备、关羽、张飞、曹操等都刻画得极有个性。其中诸葛亮的智谋、刘备的仁义、关羽的忠义、张飞的鲁莽、曹操的奸诈等甚至已成为古典乃至现代小说典型人物性格的象征。

明代长篇章回体小说的另一部巨著是施耐庵的《水浒传》。这是古典小说中第一部以农民起义为题材的小说。与《三国演义》相似,《水浒传》这部小说也源于民间流传的话本,施耐庵在此基础上给予了艺术性的加工创造。小说通过一个个相对独立又环环相扣的小故事,描写了梁山好汉为反抗欺压在水泊梁山聚义,后接受宋朝招安并为其征战、最终消亡的宏大故事,反映了中国历史上宋江起义从发生、发展直至失败的全过程,深刻揭示了起义的社会根源及起义失败的内在历史原因。小说在主人公语言个性化方面的探索,与《三国演义》相比已有了极大进步。它和《三国演义》一起,奠定了中国古代长篇小说的民族形式和民族风格,形成了中华民族特有的审美心理和鉴赏习惯。与《三国演义》相比,《水浒传》更贴近生活。作者把目光投向市井社会、日常琐事和平凡的人物,注重刻画人物性格的层次性、流动性,并纯熟地使用了白话,多方面推进了中国古代长篇小说艺术的发展。

明中叶以后,作为明清文学特有形式的长篇章回体小说创作达到了高潮。这一时期的小说题材广泛,在讲史小说、神怪小说、世情小说、公案小说方面均有佳作问世,其中流传至今的有 60 多部。吴承恩在民间传说的基础上把唐初玄奘赴西方天竺取经的故事,以神话的形式表现出来,创作了中国文学史上神怪小说的经典之作《西游记》。《西游记》以人神合一的孙悟空出世、学道与大闹天宫为开篇,以唐玄奘师徒四人赴西方取经、途中历经九九八十一难的艰辛为线索,情节离奇曲折,充满了浪漫主义色彩。作为一部神魔小说,吴承恩以丰富的艺术想象力描绘了一个光怪陆离的神魔世界,塑造了众多的神话形象。《西游记》不但代表着神魔小说的最高成就,在整个中国文学史上也具有特殊的意义。

吴敬梓的《儒林外史》则可视为古代文学史上第一部文人的述怀讽喻之作。小说以入木三分的笔调刻画了一群面目各异的封建知识分子形象,一方面真实地揭示了人性被腐蚀的过程和原因,从而对当时吏治的腐败、科举的弊端、礼教的虚伪等进行了深刻的批判和嘲讽;另一方面热情地歌颂了少数人物以坚持自我的方式守护人性,从而寄寓了作者的理想。作者对白话的运用纯熟自如,对人物性格的刻画深入细腻,并运用高超的讽刺手法,使该书成为中国古典讽刺文学的佳作,对晚清谴责小说的出现产生了直接影响。

《红楼梦》是中国 18 世纪的文学巨匠曹雪芹"披阅十载,增删五次"的呕心沥血之作。随着清代乾隆年间《红楼梦》抄本的流传,中国古典小说迎来高峰。曹雪芹在这部皇皇巨著中以贾宝玉、林黛玉的爱情悲剧为主线,通过对贾、史、王、薛四大家族盛衰过程的描写,深刻揭示了封建社会由盛世走向衰落的必然性。《红楼梦》的表层故事框架是贾宝玉与林黛玉、薛宝钗的爱情婚姻悲剧,这一悲剧又是在以贾家为核心的家庭矛盾斗争、兴衰际遇中展开的。不仅如此,曹雪芹还把笔触由贾、史、王、薛四大家族辐射开来,真实客观地描摹了上自朝廷官场、下至市井乡村广阔空间中的各种人物活动,从而赋予了作品深刻的历史、社会和文化蕴涵。小说揭露了封建社会后期的种种黑暗和罪恶,以及封建社会不可克服的内在矛盾,对腐朽的封建统治阶级和行将崩溃的封建制度进行了有力的批判。小说还通过对贵族叛逆者的歌颂,传递了新的朦胧的理想。

《红楼梦》塑造了众多生动的人物形象,他们有正面的,有反面的,有主要的,也有次要的,各自具有独特的个性特征,其中不少形象已成为不朽的艺术典型,在中国乃至世界文学史上散发着奇光异彩。

短篇小说

明代的小说除了长篇章回体小说外,短篇小说的创作也成就不凡。这一时期短篇小说的主要形式是拟话本。这是一种由文人创作的模拟民间话本的短篇小说。著名的拟话本小说集有冯梦龙的《喻世明言》《警世通言》和《醒世恒言》，以及凌濛初的《初刻拍案惊奇》和《二刻拍案惊奇》。这几部作品在文学史上合称"三言二拍"。在这些短篇小说中，作者的艺术笔触几乎涉及明代社会生活的所有方面，其中对商人、手工业者及底层百姓生活和心态的描写显得尤为精彩和深刻。这些作品中的一些故事(如《杜十娘怒沉百宝箱》《卖油郎独占花魁》《乔太守乱点鸳鸯谱》等)至今仍是一些地方戏曲的著名演出剧目。

清代蒲松龄创作的《聊斋志异》是一部文言短篇小说集。这部小说集继承了六朝志怪小说和唐宋传奇小说的艺术风格，其中的故事或揭露封建统治的黑暗，或抨击科举制度的腐朽，或反抗封建礼教的束缚，具有丰富深刻的思想内容。描写爱情主题的作品在全书中数量最多，它们体现了强烈的反封建礼教的精神。其中的名篇如《促织》《崂山道士》《画皮》等寓意深远，颇有警策意义。《聊斋志异》中的人物形象鲜明，情节发展曲折多变，语言典雅、极富感染力，实属古典短篇小说的纯熟之作。

清代传奇

清代传奇也有值得一提的创作成就。其中堪称杰作的有洪昇的《长生殿》与孔尚任的《桃花扇》。洪昇积十余年之功数易其稿创作的《长生殿》，叙述了唐明皇与杨贵妃这一流传已久的爱情悲剧。在这部传奇中，作者一方面注入了新的思想内涵，另一方面在艺术表现手法上追求情节的宛曲动人和唱词的诗意抒情。此剧问世后，备受时人和后人的推崇。孔尚任的《桃花扇》则"借离别之情，写兴亡之感"。全剧通过主人公侯方域与李香君的爱情故事，深刻地展现了南明王朝兴亡的历史，实现了历史真实与艺术真实的交融统一。不过，清代传奇在经历了"南洪北孔"的创作高潮之后，便日益衰落了。而与此形成鲜明对照的是，乾隆以后中国古典戏曲又出现了京剧与地方戏百花争艳的局面，这也意味着中国古典戏曲开始了向近代戏曲的转变。

作为中国古代文学的总结时期，明清文学成就斐然，小说创作达到鼎盛，戏剧等文学形式也蓬勃发展，呈现出丰富多样的文学风貌。

练习

一、名词解释

1.《风》《雅》《颂》

2.《楚辞》

3. 乐府诗

4. 明代四大奇书

5. “三言二拍”

6. 南洪北孔

7. 文以载道

二、思考题

1. 如何看待先秦散文的绚烂成果？

2. 请简述词这种文学题材的发展脉络与代表作家。

3. 如何理解《红楼梦》在中国乃至世界文学殿堂中的地位？

4. 为什么说中国文学有“一代有一代之所胜”的特点？

第七章

中国古代艺术

中华民族在悠久的历史活动中，积淀了深厚精妙的艺术审美，创造了瑰丽多姿的艺术作品，并由此形成了世界上独特的艺术传统。中国古代的艺术传统与其他古代文化形态一样，有着自身独特的理论思维方法、审美概念和范畴。中国古代艺术源远流长，其成就璀璨夺目。随着时代的变迁和历史的发展，中国古代艺术不断推陈出新，从未间断。在长期的艺术发展过程中，中国传统艺术逐渐形成独特深厚而又富有魅力的民族艺术传统和民族艺术精神，并因此在世界艺术殿堂中占有重要的位置。

一、书法与绘画

书法艺术是中华民族文化宝库中的一朵奇葩，它不仅深受中国人民的喜爱，还引起了世界各国艺术家的重视。作为一门写字的艺术，书法的发展同字体的演进、书写工具的变化密切相关。在中国，书法之所以能成为艺术，是因为其书写对象为具有形体美的各种不同的汉字，书写工具为刚柔相济、阴阳相应的柔性毛笔，书写内容为数千年文化积淀而成的、具有独特艺术品质的民族语汇。因此，书法在诸艺术门类中最具中国特性，只有在中国文化中，书法才成为一门举足轻重的艺术。

中国书法从字体类型上分为篆、隶、楷、草、行五类，每一类都有自己独特的风格。

篆书

篆书出现最早，并有大篆、小篆之分。大篆包括殷代甲骨文、钟鼎文和周代的石鼓文。小篆是在大篆基础上简化和发展而来的，字体更加匀称整齐。自汉朝开始，篆书已逐渐失去实用价值，仅应用于特别庄重、需要美化的场合。书写篆书逐渐变成纯艺术创作。后世篆书名家有唐代李阳冰，五代徐铉，明代李东阳，清代邓石如、吴昌硕等。

隶书

隶书首创于秦，于汉代蓬勃发展起来。汉隶的出现为书法艺术的发展开拓了广阔的前景。如果说此前阶段，书法主要发挥语言文字功能，那么到了汉代，书法除表达文字意义之外，其审美特性逐渐成为人们关注的中心。

汉代碑刻中，最具典型意义的是阵容庞大、风格各异的隶书碑刻。例如，《张迁碑》方整挺劲、爽利痛快，《礼器碑》《华山碑》端庄典雅、法度森然，《衡方碑》《校官碑》拙朴厚重、大气磅礴，《石门颂》舒展、峭拔、奇纵多姿，《西狭颂》茂密朴拙、浑厚雄强，等等。这些碑刻都展示了汉代书法的辉煌成就和高超的艺术水平。

隶书至清代又现高峰，大家辈出，风格各异，著名书法家有郑燮、金农、邓石如等。

草书

草书又分章草和今草。章草是草书的早期形式，起源于秦汉时期，今草由章草演变而来。今草的创始人是汉末的张芝。张芝的草书，笔势连绵奔放、变化莫测。东晋王羲之、王献之父子对于今草的确立和发展作出了重要贡献。王羲之因其书法诸体备精，成就非凡，被尊为“书圣”。他的今草，用笔锋藏势逸、流畅俊美；小圣王献之则不同，用笔外拓，锋芒外露、放肆而豪迈。

唐代的张旭变今草为狂草，他的草书完全突破了“二王”樊篱，异军突起，奇状谲态，纵横跌宕，气势雄伟，变东晋以来温雅妍美的书风，把书法艺术的抒情性上升到前所未有的高度。唐代僧人怀素为张旭之后的又一狂草大家。他的狂草笔墨飞舞奇逸，气势变幻跌宕，富有音乐的节奏旋律之美及舞蹈的翩然多姿之态，传世名作有《自叙帖》等。

楷书

楷书脱化于隶书和章草。楷书孕育于汉代，发展并盛行于魏晋南北朝，至唐代达到鼎盛，其历史发展颇为复杂。楷书的出现极大丰富了汉字结构的艺术性。

楷书的代表人物有唐代书法人家颜真卿。颜真卿开创了自成一家的“颜体”，用笔骨力雄强，筋肉丰实。颜字结构方正饱满，端庄严整，气势宽博。颜体书法的出现，具有划时代的意义。颜书的价值在于突破了自“二王”至初唐 400 年间流美趋逸的书风，开创了雄强刚健、大气磅礴的新风格，形成了“二王”以后的第二大流派,强烈地表现出盛唐的时代风貌。颜体书法对后世的影响极大,至今天仍拥有广大的书法爱好者。

自唐以后,楷书被历朝历代奉为正书,可谓名家辈出。宋代的蔡襄、明代的文徵明、清代的翁方纲等都以楷书见长。后世许多书法家都取法晋唐,蔚然成风。

行书

行书介于草书与楷书之间,是人们日常生活中较常使用的书体,自汉代以来一直风行于世。晋代是行书发展的第一高峰,王羲之是最杰出的代表,其行书代表作《兰亭集序》,体现了王羲之书法艺术的最高境界。后人一直把《兰亭集序》奉为"天下第一行书"。

唐代是行书发展的第二高峰,唐代书法家在晋代行书隽秀妍逸的基础上,开拓了雄伟壮美、气势恢宏的书风。颜真卿、欧阳询等书法家的行书作品也颇为有名。

宋代是行书发展的第三高峰,开启了"尚意"新风,代表者有苏轼、黄庭坚、米芾、蔡襄四大家。此后,元代赵孟頫、鲜于枢也精于行书,并称"元代二妙"。明代行书代表者有文徵明、董其昌,其中董其昌书风温雅秀媚,在清代前期也颇有影响。清代的刘墉、何绍基、赵之谦等也都是行书名家。

中国书法由于其造型性和表现对象的丰富性,能鲜明地表现艺术家的审美理想、气质、心灵和人格,古人将这一特点高度概括为"书如其人",如王羲之超逸俊美的行书,表现了他飘逸潇洒的风度;颜真卿庄严整肃的楷书,表现了他雍容大度的胸怀和刚正不阿的人格;张旭气势磅礴的狂草,表现了他的豪放不羁、自由奔放。书法作为艺术还反映了各个时代的审美风貌和文化特征。晋人尚韵,唐人尚法,宋人尚意,明清尚态,这些鲜明的时代特色,淋漓尽致地展现在各时代的书法作品之中,成为书法艺术长河中闪耀着独特光芒的文化标识。

除书法艺术之外,绘画艺术在中国古代艺术中同样占据着举足轻重的地位。中国画简称"国画",是中国的传统绘画形式。它是用中国所独有的毛笔、水墨和颜料,依照长期形成的表现形式及艺术法则而创作出的绘画。中国传统绘画历史悠久,以丰富而深厚的文化底蕴和独特的美学追求,成为东方绘画的杰出代表。就其题材内容来看,中国传统绘画在数千年的发展过程中,形成了人物画、山水画、花鸟画三大类。

人物画

中国人物画的出现较早于山水画、花鸟画,大体分为道释画、仕女画、肖像画、风俗画、历史故事画等。人物画力求人物个性逼真传神，气韵生动、形神兼备。其传神之法，在于把对人物性格的表现寓于环境、气氛、身段和动态的渲染之中。历代著名人物画有东晋顾恺之的《洛神赋图》、五代南唐顾闳中的《韩熙载夜宴图》、北宋李公麟的《维摩诘像》、南宋李唐的《采薇图》等。

中国人物画画家主张以形写神、形神兼备，紧紧抓住有利于传神的眼神、手势、身姿与重要细节，强调分别主次，有详有略——详于传情的面部手势而略于衣冠，详于人物活动及其顾盼呼应而略于环境描写。笔法或描法一方面服从于形象的结构质感、量感与神情，另一方面也要传达作者的感情，同时还用以体现作者的个人风格。在写意人物画中，笔墨相互为用，笔中有墨，墨中有笔，一笔落纸，既要状物传神，又要抒情达意，还要显现个人风格，极考验画家功底。

北宋时期，风俗画风靡一时。张择端充满生活气息的风俗画《清明上河图》，以鸟瞰式画景法构图，描绘了清明时节，京城汴梁从城郊、汴河到城内街市的繁华景象。画中有仕商工农、医卜僧道、男女老幼 550 多人，百态俱备，姿色各异，为世所罕见。整幅画既有界面典雅精美的特点，又有写意画神韵毕肖的特点，在绘画史上具有极重要的地位。

山水画

山水画是中国绘画艺术有别于西方绘画艺术的一个显著标志，形成于魏晋南北朝时期。山水画强调散点透视法的运用，并认为画面中要有人或建筑物出现才能显出生气。从唐朝开始，中国的山水画开始分为南、北两派。南派山水画多以江南山水为蓝本，风格细腻柔和，注重笔墨的韵味与意境的营造，常用披麻皴等技法表现平缓的山峦。北派山水画则以北方山川为素材，画风雄浑壮美，强调气势和力量，多采用斧劈皴等技法来展现坚硬的山石。

从明代后期到清朝时，山水画陷入了形式主义的格式套路。直到近代，山水画又重新获得发展，新一代大师如黄宾虹、李可染、张大千、傅抱石、关山月等人吸收西方绘画理论，深入观察自然并融入自己的风格，为山水画重新注入生气，将山水画发展至一个新阶段。

花鸟画

中国花鸟画形成较晚。唐代是花鸟画奠基时期，其间出现了不少花鸟画家，形成了不同的艺术流派。五代时期，花鸟画有了空前的发展，出现了“黄筌富贵，徐熙野逸”两种风格。中国花鸟画从此分为两大流派，被后人称为“徐黄二体”。

到了宋代，花鸟画逐渐趋向于描绘松、竹、梅、兰、菊。文同、苏轼等人创造出的极富文人意味的画种——墨竹，开花鸟画之新风。宋代最有代表性的作品有《寒雀图》《写生蔬果图》《墨竹图》等。其中《寒雀图》是崔白的代表作，构图简洁，形象生动，表现了崔白之画着色清淡雅致、笔触灵动畅达、形象自然而无雕琢痕迹的艺术风格，为南宋画院摆脱前代画风影响作出了重要贡献。

元、明、清三代是花鸟画的繁荣期，水墨写意与工整艳丽的画风争胜斗艳，名家辈出，流派纷呈。最著名的作品有《墨竹图》《墨梅图》《葡萄图》《河上花图》《悬崖兰竹图》《桃实图》等。其中，《墨梅图》是元代著名画家、诗人王冕的代表作，描绘风姿绰约的折枝梅花，构图简洁，形象清丽生动，笔墨精练淡润，画风清绝脱俗。《桃实图》为清朝画家吴昌硕所作。吴昌硕以写意花卉著称于世，他融各家之长，将深厚的书法、篆刻、诗文修养融入画中，以雄健烂漫的风格一改清末画坛柔媚轻佻之风。从某种意义上看，吴昌硕的写意花鸟画是传统花鸟画的一个总结。

二、音乐与戏剧

中国古代的音乐艺术，是世界音乐文化宝库中的一颗明珠。古代文献中对尧舜古乐的记载，说明中国传统音乐起源甚早。在河南舞阳县发现的 18 支七音孔和八音孔的骨笛，距今已有 8000 多年历史。原始社会的音乐与礼仪是相连的。早在先秦时期，中国传统音乐就形成了不同于其他文化的独特体系，创立了五音阶体系和七音阶体系。与重和声和配器的西方音乐相比，中国传统音乐以旋律为主，给人以气韵生动的线性美。中国古人认为音乐是用来表达内心情志的，情志属人，声乐之妙在于词对乐的规范，故音乐能“乐而不淫，哀而不伤”“发于情，止乎礼”。

中国传统音乐也对世界音乐的发展产生了很大影响。战国曾侯乙编钟的出土改写了世界音乐史，代表了中国先秦礼乐文明的最高成就。全套编钟共 65 件，分 3 层排列，总音域达 5 个八度之广，12 个半音齐全，可以演奏五声、六声或七声音阶的乐曲。此外，唐代的大型套曲和舞乐同京剧独特的唱腔、唱段一样在世界上享有盛誉。中国的著名琴曲《高山流水》《潇湘水云》、琵琶曲《十面埋伏》等也以其独特的艺术魅力与深厚的文化内涵而声名远扬。

中国戏剧以其本身的综合性质，将各门艺术（音乐、舞蹈、文学、雕塑、绘画等）融合在一起并使之精致化。音乐是戏剧构成的一大要素。器乐不但调控全剧节奏，还为演唱伴奏，并配合表演来渲染气氛。中国戏剧吸收了小说的结构技巧和情节安排，极具故事性，其刻画人物、推动情节又主要靠唱念来进行。唱，吸诗、词、曲之风采；念，取散文和白话之精华。中国戏剧之得于绘画，一是脸谱服饰年画般的装饰传统，二是演员和背景的空白所形成的画意。雕塑艺术则体现在戏剧表演中演员在上台时的亮相和在关键点时的定型，以及主要人物进行大段演唱时，次要人物总是一动不动地站或坐在舞台上。中国戏剧在诉诸观众视觉上，除了具有装饰性的传统服饰之外，主要就是靠“舞”了。中国戏剧中既有优美而程式化的文舞，又有包含杂技和特技式的武打。戏剧中的武打已完全艺术化为一种非常有节奏和韵律的表演性舞型。总体来说，中国戏剧讲究“唱、念、做、打”。唱功中，行腔转调、发音吐字都有一定的规矩和要求；念白分韵白和口白，都要具有音乐性；做工有手、眼、身、法、步，都要经过专门的严格训练；武打要干净利落、稳妥准确、轻捷灵便。

三、民间艺术

除了前文所述的书法、绘画、音乐、戏剧外，中国民间还有丰富的非物质文化遗产，体现在各类优秀的手工技艺中。中国民间艺术很发达，很多种类的民间艺术早已享誉世界。这些民间传统艺术一方面体现了民间艺人过人的智慧和灵巧的手工，另一方面则体现了广大百姓的生活愿望和生活趣味。喜庆、团圆、富足、平安、吉祥是中国百姓几千年来始终不变的追求，正是这些美好的愿望构成了中国各种民间艺术的精神氛围。

年画

春节是中国最重要的传统节日，张贴年画是春节的重要习俗。人们常用年画装饰居室，以增加过年的气氛。年画在内容上多表达祝福、吉祥和喜庆之意。如在年画《连年有余》中，一个天真活泼的胖娃娃怀抱一条大鲤鱼。这是通过“鱼”和“余”在汉语中的谐音来表达生活富足、年年有余的美好愿望。

中国幅员辽阔，各地年画的风格也有所不同。天津的杨柳青年画采用的是木版套印和手工彩绘相结合的方法，即“半印半画”，先刻出木刻图案版样，然后印出图画，再以手工方式对纸上的轮廓进行描绘涂彩，最后装裱成画。每一幅画都由画师手工制作，而不是批量生产的印刷品。它将版画中的刀法版味和手画的笔触感觉融合在一起，形成一种独特的审美风格。苏州的桃花坞年画则表现出纤巧细柔的特点，采用的是传统的水印木刻方法。在选材上，桃花坞年画除了吸收民间故事外，还大量采用文人绘画的内容，其画面多儒雅清淡，风格上不似杨柳青年画那样浓艳，更强调清雅流畅。桃花坞年画不仅广泛流传于江南一带，更流传至海外，尤其对日本浮世绘产生了深远的影响。

中国剪纸

剪纸是中国民间一门有着近千年历史的独特艺术。它所需要的材料很简单，只要有纸张和一把剪刀(或刻刀)就可以进行创作。剪纸是一种即兴式的艺术，很多剪纸艺人无须画稿，仅凭手中的一把剪刀便能创作出生动的作品。

中国古代有许多风俗都与剪纸有关，如在二十四节气中的立春这一天，女子多将剪纸戴在头上或系在花下，以庆贺春日的来临。如今，剪纸多作为装饰来为节日或婚庆等增添喜庆的气氛。

刺绣

中国是丝绸的故乡，许多民间艺术均与丝绸有关，刺绣就是其中的一种。从事刺绣的多为女子，所以刺绣又被称为“女红”。刺绣在中国有数千年的历史，广受人们喜爱，常用于服装、床上用品或艺术品装饰等。中国宋代的锦院和绣院集中了大量编织和刺绣的专业人才，极大促进了丝织和刺绣技艺的发展。中国的“四大名绣”包括苏州的苏绣、广东的粤绣、湖南的湘绣和四川的蜀绣，各种绣法不仅在风格上有所差异，所选择的创作内容也有所不同。历史上有“苏绣猫，湘绣虎”的说法。粤绣擅长绣鸟，以《百鸟朝凤》最为有名，而蜀绣则擅长绣山水人物。

皮影戏

皮影戏是中国重要的民间传统艺术，有着数千年的历史传承与丰厚的文化艺术积淀。这种艺术形式在宋代便已十分成熟。皮影戏人物往往由皮革制成，制作工艺非常复杂。在演出时，灯光照射在皮革做成的人物上，形成活灵活现的剪影。表演者们站在一块白布后面，操纵着各种形状的皮影人，同时用当地流行的曲调讲述故事，并配有打击乐器或弦乐，具有浓厚的乡土气息。

皮影戏对世界的文化发展也产生了不可忽视的影响。这种创自中国的戏剧形式，在13世纪便已走向世界，为各国的艺术家提供了灵感，其独特的光影表现形式启发了西方早期动画创作者，推动了西方早期动画的发展 。皮影戏作为最早的幕影艺术，具有画面、剧情、音乐三大要素，甚至可以被视为现代电影的始祖。歌德、卓别林都给予了皮影戏高度评价。

练习

一、名词解释

1. 宋代书法四大家
2. 颜体
3.《清明上河图》
4.《兰亭集序》
5. 杨柳青
6. 四大名绣

二、思考题

1. 山水画的美学追求是什么?
2. 如何看待中国传统戏剧“程式化”的特点?

第八章

中国古代建筑

中国传统建筑艺术是中国传统文化中重要的组成部分。在长期的历史发展过程中,中国古代建筑逐步形成了自己的体系和特点。

中国传统建筑以汉族建筑为主流,主要包括宫殿、坛庙、陵墓、寺观、佛塔、石窟、园林、衙署、民间公共建筑、景观楼阁、王府、民居、城墙、桥梁等类型,以及牌坊、碑碣、华表等建筑小品。它们有着基本共同的发展历程,也因时代和地域而呈现不同的面貌。

儒家思想对中国古建筑产生了极为重要的影响,主要体现在建筑的和谐美上。儒家认为和谐是一种最高的伦理准则和美学境界。古代传统的前堂后寝、方正对称的布局就体现了这种美学主张。中国建筑特别重视群体组合,群体组合常取中轴对称的严谨构图方式,但有些类型(如园林、某些山林寺观和某些民居)也采用了自由式组合方式。无论采用哪种构图方式,中国传统建筑都追求中和、平易、含蓄而深沉的美学性格,这也体现了中国人的民族审美习惯,与西方建筑体系突出建筑个体、强调外在表现的特点有明显的区别。

中国传统文化中的天人合一思想也对建筑风格影响深远。中国传统的建筑活动在儒家天人合一理念的影响下,特别强调选址,注重将建筑组织到自然环境中,以提高整个自然环境的美学质量。许多著名建筑群的选址基本上都是对自然环境的选择,于是便形成了“名山必有古刹”的中国古建筑分布特点。

儒家讲究孝道和厚葬,重视丧葬制度,因此,中国古代祠庙和陵墓建筑相当发达。中国的宗法伦理观念,也影响了帝王陵墓。中国的帝王陵墓以规模之隆重、气氛之肃穆而令人瞩目。

儒家思想对民居空间设计同样影响深远。中国古代民居以庭院建筑为主,布局一般也是将重要建筑置于中轴线上,两侧均衡对称安置次要建筑,若干庭院组成建筑群。此类建筑以北京四合院为代表。

总体上看,中国古代建筑以木材、砖瓦为主要建筑材料,以木构架结构为主要的结构方式,平面布局具有一种简明的组织规律,规划严整,造型优美,装饰丰富多彩,特别注意与周围自然环境相协调。这样的建筑特点也体现了古代中国的文化内涵:宫殿和都城规划突出皇权至上思想和严密的等级观念;注重与自然的高度协同,尊重自然,讲求天人合一;追求中和、平易、含蓄而深沉的美学特点。中国古代建筑艺术是中国古人伦理观、审美观、价值观和自然观的深刻体现。

一、宫殿

宫殿是中国古代建筑中发展最为成熟、成就最高、规模最大的一类建筑,它鲜明地反映了中国传统文化中注重巩固社会秩序的内涵。为显示帝王之威,宫殿往往有高、大、深、庄的特点。

阿房宫

秦始皇统一六国后,修建了阿房宫。据史料记载,秦代阿房宫,"东西五里,南北千步",足见其规模之宏大。后因秦朝灭亡,阿房宫并未完全建成。相传,阿房宫大小殿宇有 700 余所,一天之中各殿气候不尽相同。阿房宫被誉为"天下第一宫",是中国首次统一的标志性建筑,也是华夏民族开始形成的实物标志。

北京故宫

北京故宫,旧称紫禁城,是明、清两代帝王的皇宫。它是中国古代建筑中保存最完整、规模最浩大的古代宫殿建筑,也是世界古代建筑群体的精品。北京故宫从明永乐四年开始修建,历经 14 年基本建成,中间虽经明、清两代多次重修和扩建,但仍保持初建时的格局。故宫建筑群有大小宫殿 70 余座,主要分为两大部分,即外朝和内廷。外朝的主要建筑是太和殿、中和殿、保和殿,内廷的中心是乾清宫、交泰宫、坤宁宫。

故宫集中体现了中国古代建筑的最高成就。在建筑布局上,故宫的建造强调"中正无邪",即中轴对称的方式,最尊贵的建筑放到中轴上,次要建筑置于两边。从天安门、端门、午门再到太和门,门与门之间由笔直的中轴线大道相连,一道道大门层层推进,步步深入,给人以深远、悠长之感。

二、陵墓

中国古代帝王陵墓也有规模宏大、布局严谨的特点,以体现已逝帝王不朽的威严。古代帝王陵墓不以房顶的金色表现现世的光辉，而以青土暗示永恒的宁静。古代帝王陵墓或依山为陵，如唐代乾陵；或垒土为陵并植树以使之像山，如秦始皇陵。陵墓的地面建筑仍有另一种高、大、深的特征。如唐代高宗与武后合葬的乾陵以梁山为陵，这是"高"。围绕地宫和主峰有似方形的陵界墙，而进入乾陵的第一道门却在距离陵墙的朱雀门很远的山下，这是"大"。从第一道门到地宫墓门要经过4道门，路长约4公里，这是"深"。

十三陵

在中国古代陵墓建筑方面，最有代表性的要数十三陵。十三陵是指明代十三位皇帝的陵寝所在地，代表了封建帝陵的最高成就。十三陵所在的天寿山在北京昌平区内，山岭逶迤相连，呈向南敞开的马蹄形。明成祖的长陵位于主峰南麓，以长陵为主体，其他十二陵基本分列于长陵左右，共同构成一个统一的、规模宏大的陵园。十三座陵背山而筑，各陵除面积大小、建筑繁简不同外，在布局规制等方面基本一样。陵区建筑均用白台、红墙、朱柱、黄瓦建构，庭院内外和宝顶上植有松柏，突出其皇家气氛和纪念意义。

三、佛教建筑

佛教建筑是中国宗教建筑的重要类型，也是中国古代建筑艺术的重要组成部分。寺庙、佛塔、石窟被称为三大佛教建筑，这些建筑记载了中国古代社会文化的发展，具有重要的历史价值和艺术价值。

寺庙

一般认为，佛教是公元1世纪前后由印度传入中国的，随之便出现了寺庙建筑。当时中国建筑体系已经形成，匠师们在建造祭祀礼仪建筑和高层楼阁方面有着丰富的技术与艺术经验。中国的寺庙从一开始就受到这些传统因素的影响，与佛教中国化的进程相适应，其中国特色也逐渐加强。

寺庙建筑也采用中国传统建筑的院落式布局。除了某些砖石结构的塔以外，寺中的单体结构也大都采用了木结构建筑方式，而砖石塔也大多模仿木结构建筑的形象。佛寺的艺术面貌在整体上和古代世俗建筑没有太大差别。如今，寺庙在中国除了仍旧是宗教活动的场所外，在很大程度上也具有文化和旅游建筑的性质。

佛塔

佛塔在中国的发展演变过程中，也融合了民族的建筑艺术特点。佛塔比例合度、结构精密、宏伟壮观、静穆安闲，给人以崇高的美感。中国古代建筑师在建造佛塔时，常巧妙地将其与自然景色相融合，使之对佛寺组群和城市轮廓面貌都起到一定的装点作用，达到艺术美和自然美交相辉映的审美境界。

石窟

佛教石窟首见于印度，中国古代的石窟起初也是仿照印度石窟的制度开凿的。中国古代著名的石窟有甘肃敦煌莫高窟、山西大同云冈石窟、河南洛阳龙门石窟和甘肃天水麦积山石窟等。

敦煌莫高窟（又称千佛洞）位于甘肃省西部，是中国规模最大、内容最丰富的石窟群。莫高窟南北长 1600 多米，保存完好的洞窟多达 492 处，洞里的壁画总面积为 4.5 万平方米，彩塑 2400 多尊，被称为“中国古代的美术馆”，也是世界艺术史上伟大的奇迹。

云冈石窟以壮丽的石刻造像闻名于世，现存主要洞窟 45 个，石雕造像 59000 余尊，是中国石刻艺术宝库中的瑰宝。

龙门石窟位于河南洛阳，于北魏孝文帝迁都洛阳前开凿，现存佛龛 2300 多座，造像 10 万余尊，是中国石窟艺术的集大成者。

麦积山石窟在距甘肃天水市东南约 35 公里的麦积山上，始建于十六国后秦时期。麦积山石质松碎，不宜精凿，神像多为泥塑。在现存的 300 多个洞窟中，保存有大量精美塑像和实物资料，极大丰富了中国古代文化史。

四、园林

中国园林可追溯到西周初的苑囿，其发展和壮大是在春秋到秦汉时期。彼时的园林，功能和趣旨与宫殿一样，都是彰显帝王的威严。魏晋以后文人园林兴起，中国园林开始获得自己的独特品格。中国园林的核心是情趣，这种情趣主要是自然情趣，亭台楼阁均随地赋形，巧夺天工。廊榭台池，山石花木，一切布置都考虑到人与自然的情感交流。

亭

亭是中国游观性的小建筑。在园林建筑中，亭既要能成景，以成为人们观赏的对象；又要能得景，以吸引人们驻足。亭的历史可追溯到商周时期，隋唐以后亭已成为宫殿、园林建筑中不可缺少的建筑物，明清时期园林中亭子的数量很多，造型也很丰富。亭的屋顶以攒尖顶最多，也可应用其他屋顶形式及其组合变化，如歇山顶、十字脊顶、双圆相套攒尖顶等，有单檐与重檐的区分。

台

台是中国古代一种高而平的建筑，一般用土石和砖头垒成，用来眺望或游观。很多著名的古台并不只是一座孤立的平台，台上常建有宫苑。台也会用来观测天文和气象，如观象台、天文台。北京建国门附近有一座砖砌的高台建筑，上面陈列着大型的铜制天文仪器，这里便是明、清两代的天文观测中心。军事上用来传递战争消息的台被称为烽火台。长城内外就筑有很多烽火台，如遇敌情，便以白天燃烟、夜间点火来传递信号。长城上每隔三四百米便筑有一座墙台，呈方形，是古代士兵巡逻放哨的地方。如今的"丝绸之路"上还能看到不少当年的土台，都是古代的军事建筑设施。

楼

楼指中国古代的多层木构建筑。中国古代建楼的历史相当久远，战国以后，已出现了"重屋"楼，也就是今天人们常说的楼房。建在园林里的楼一般用于观赏风景，正如唐代著名诗人王之涣《登鹳雀楼》中的诗句："欲穷千里目，更上一层楼。"中国古代的城镇一般都建有钟楼和鼓楼，采用琉璃瓦顶的重檐歇山形式，四周有回廊，外檐均饰有斗拱。钟鼓楼用于古代报时，即所谓"晨钟暮鼓"，早晨打钟开城门，晚上击鼓关城门。中国古代城墙上往往还设有箭楼，比较著名的有北京正阳门箭楼等。

阁

阁的建筑形式与楼接近，其正面是门和窗，其余三面都为实墙，四周通常设有隔扇或栏杆回廊。中国古代的阁通常用来收藏贵重文物，而修建在园林中的阁多是用来观赏风景的建筑。在中国宗教建筑群中，供奉高大佛像的多层建筑通常也称为阁，其中著名的有独乐寺的观音阁、颐和园的佛香阁、普宁寺的大乘阁和广西容县的真武阁等，这些阁造型挺拔庄重，是中国多层木构建筑的代表作。

颐和园

颐和园在北京海淀区境内，原名清漪园，始建于清乾隆十五年(公元1750年)。这座以湖光山色闻名于世的大型皇家园林，总面积超过3平方千米，水域面积占四分之三。环绕在山湖之间的宫殿、寺庙、园林建筑可概括为三大区域：宫廷区、居住区和游览区。颐和园设计构思巧妙，建筑精美，集中国园林艺术之大成，有"皇家园林博物馆”之称。1961 年,颐和园被列为第一批全国重点文物保护单位。

1900 年,八国联军攻入北京,进入颐和园大肆劫掠,颐和园遭到严重破坏。中华人民共和国成立后,政府逐步对颐和园进行修整,使其成为著名的旅游胜地。

苏州古典园林

苏州古典园林,亦称“苏州园林”,是江苏省苏州市境内中国古典园林的总称。苏州园林以小巧、自由、精致、淡雅、写意见长,注重文化和艺术的和谐统一。苏州园林占地面积较小,采用变幻无穷、不拘一格的艺术手法,以中国山水花鸟的情趣,寓唐诗宋词的意境。设计师们在有限的空间内点缀假山、树木,安排亭台楼阁、流水小桥,使苏州园林以景取胜、景因园异,给人以小中见大的艺术效果。

苏州园林不仅是历史文化的产物,也是中国传统思想文化的载体。园林厅堂的命名、匾额、楹联、书条石、雕刻等储存了大量的历史、文化、思想和科学信息,物质内容和精神内容都极其深广。苏州的园林建筑艺术在世界上也享有盛誉。美国纽约大都会艺术博物馆的明轩,就是以苏州网师园的殿春簃为蓝本而设计的;加拿大温哥华市中心的中山公园,也是按照苏州明代园林的式样兴建的。这说明苏州传统的园林建筑艺术正在发扬光大。拙政园、网师园、留园、环秀山庄、沧浪亭、狮子林、耦园、艺圃、退思园 9 家园林也已被联合国教科文组织列入世界文化遗产。

五、民居

民居是中国传统建筑中的一个重要类型,也是中国古代民间建筑体系中的重要组成内容。由于中国各地区的自然和人文环境各不相同,各地民居也具有多样化的面貌,呈现出与各地区、各民族人民生产生活方式、习俗、审美观念密切相关的特征。

北京四合院

北京四合院是由东、西、南、北四面房子围合起来形成的内院式住宅。自元代正式建都北京、大规模规划建设都城时起,四合院就与北京的宫殿、衙署、街区、坊巷和胡同同时出现了。四合院的构成有它的独特之处,其院落宽绰疏朗,四面房屋各自独立,又有游廊连接彼此,起居十分方便;封闭式的住宅使四合院具有很强的私密性,关起门来自成天地;院内四面房门都开向院落,宽敞的院落中还可植树栽花、饲鸟养鱼、叠石迭景,使居住者尽享大自然的美好。

北京四合院虽为居住建筑，却也蕴含着深刻的文化内涵，是中华传统文化的载体。四合院的装修、雕饰、彩绘也处处体现着民俗民风和传统文化，表现出人们对幸福、美好、富裕、吉祥的追求。嵌于门簪、门头上的吉辞祥语，附在抱柱上的楹联，以及悬挂在室内的书画佳作，都是集贤哲之古训、采古今之名句，或颂山川之美，或铭处世之学，或咏鸿鹄之志，使居室内充满浓郁的文化气息，犹如一座中国传统文化的殿堂。

上海弄堂

弄堂是上海特有的民居形式，构成了近代上海城市最重要的组成部分。上海的旧弄堂一般是石库门建筑。石库门里弄住宅多为砖木立帖结构。它的平面和空间更接近于江南传统二层楼的三合院或四合院形式。这种住宅虽不具备"层层进进、庭院深深"的特点，但它还保持着正当中规整的客堂、安静的内室和传统民居中常见的两厢。此外，石库门里弄住宅还基本保持了中国传统住宅建筑对外较为封闭的特征，虽身居闹市，关起门来却可以自成一统。

窑洞

窑洞是中国北方黄土高原上特有的民居形式。传统的窑洞从外观上看呈圆拱形，这样的设计方式也使窑洞冬暖夏凉、舒适节能，传统的空间又渗透着与自然的和谐，朴素的外观在建筑美学上也别具匠心。拱形的洞口往往由木格拼成各种美丽的图案。黄土高原沟壑纵横、色彩单调，为了美化居住环境，窑洞的女主人们常以剪纸对窗户进行装饰。窑洞的窗户是窑洞内光线的主要来源，窗花贴在窗外，外观颜色鲜艳，内观则明快舒坦，从而产生一种独特的光、色、调相融合的形式美。

练习

一、名词解释

1. 阿房宫
2. 十三陵

3. 乾陵

4. 颐和园

5. 石库门

二、思考题

1. 中国传统建筑的总体特点是什么？体现了怎样的哲学意蕴？

2. 如何评价中国古代石窟的美学与艺术价值？

第九章

中国传统饮食文化与节日庆典

一、中国传统饮食文化

饮食是中国文化的重要组成部分。《礼记》载:“礼之初,始诸饮食。”饮食凝聚着中国人的审美趣味和生活态度,颇具文化内涵。中国的烹饪,不仅技术精湛,而且有讲究菜肴美感的传统,注重食物色、香、味、形、器的协调一致,常给人以精神和物质高度统一的特殊享受。

八大菜系

在中国的菜系中,八大菜系最为有名,它们分别是鲁菜、川菜、粤菜、闽菜、苏菜、浙菜、湘菜和徽菜。一个菜系的形成受自然地理、气候条件、资源特产、饮食习惯等方面的影响,同时也与这个地区悠久的历史息息相关。中国的八大菜系各具风韵,菜肴之特色也异彩纷呈,各有千秋。

鲁菜即山东菜,主要由济南和胶东两个地区的风味菜构成。鲁菜的孕育可以追溯到春秋战国时期,经历代的发展成为一大烹饪流派。宋代以后,鲁菜就成为“北食”的代表。鲁菜选料讲究,刀工精细,调味适中,菜肴具有鲜咸适度、清爽脆嫩的特点。鲁菜擅长烹制海鲜,烹饪技法以爆、炒、烧、炸、熘、焖、扒等为主,调味善用大葱。鲁菜十分讲究清汤和奶汤的调制,清汤色清而鲜,奶汤色白而醇。明清两代,鲁菜为宫廷御膳主体,对京、津和东北各地的饮食影响较大。代表菜肴有“糖醋黄河鲤鱼”“汤爆双脆”“油爆海螺”等。

川菜即四川菜,以成都菜、重庆菜和自贡菜为主。川菜在先秦两汉时期就已具雏形,到宋代已颇具影响。川菜特点是油重、味浓,以辣、麻等口味著称。烹饪技法注重烧、烤、干酥、熏等,以辣椒、胡椒、花椒以及姜作为主要的调料用品。川菜擅长综合用味,在咸、甜、麻、辣、酸五味基础上,加上各种调料,形成各种复合味,如家常味、咸鲜味、鱼香味等。代表菜肴有“麻婆豆腐”“夫妻肺片”“小笼牛肉”等。

粤菜即广东菜，主要由广州、潮州等地方的风味菜构成。南宋时期，粤菜深受宫廷御厨的影响。明清时期，随着对外通商和对外交流发展迅速，粤菜逐渐吸取西餐的某些特长，形成别具一格的菜系特点。粤菜选料广杂、新鲜，随时节不同，口味也会有所变化，冬春多以浓郁口味为主，夏秋多以清淡口味为主。烹饪技法主要有煲、泡、烩等。粤菜的调味品也独具风格，多用蚝油、糖醋、果汁、酸梅酱、鱼露、豉汁等，著名的粤菜菜肴有“蚝油牛肉”“烤乳猪”等。

闽菜即福建菜，由福州、泉州、漳州、厦门等地的菜肴组成。闽菜以色调美观、滋味清鲜而著称。烹调技法以烹炒、干炸、爆炒为主，多以海鲜（如鳗、蛏子、鱿鱼、黄鱼、海参等）为原料。口味甜酸适宜，多以红糟调味。著名的闽菜菜肴有“佛跳墙”“淡糟香螺片”“醉糟鸡”等。

苏菜即江苏菜，由苏州、扬州、南京、镇江等地方的风味菜构成。苏菜始于南北朝时期，唐宋以后，与浙菜一同成为“南食”代表之一。苏菜以清淡雅致著称，尤其擅长烹制河鲜、湖蟹等。烹饪技法有炒、熘、煮、烩、烤、烧、蒸，菜肴具有香、鲜、酥、嫩、脆等特点。苏菜用料严谨，注重配色，调料的使用也以突出本味为目的，讲究造型，四季有别。夏季的时令菜肴色泽清淡，冬季则色泽浓艳。苏菜造型美观，运用切配、烹调、装盘、点缀，以及刻、包、卷、酿等技法，使菜肴色、香、味俱全。苏菜中代表性的热菜有“清汤二套鸭”“南京三炖”等，凉菜有“逸圃彩花篮”等。

浙菜即浙江菜，其主流由杭州、宁波、绍兴、温州等地的菜肴构成。浙菜制作精细，变化较多，以清鲜、香酥、细嫩为主要特点。烹饪方法主要以爆、炒、烩、烧等见长。代表菜肴有“西湖醋鱼”“生爆鳝片”“东坡肉”等。

湘菜即湖南菜，以湘江流域、洞庭湖区和湘西山区的菜肴为主。湘菜用料广泛，油重色浓，口味注重鲜香、酸辣。烹饪技法以蒸、熏、烧、炖、干炒为主。湘菜的代表菜肴有“麻辣仔鸡”“腊味合蒸”“冰糖湘莲”“红椒酿肉”等。

徽菜即安徽菜，以沿江、沿淮、徽州三地区的地方菜为主，多烹制山珍野味。徽菜口味偏重，重油、重酱色、重火功，味道醇厚，保持原汁原味。烹饪技法注重炖、烧、熏等。代表菜肴主要有“符离集烧鸡”“雪冬烧山鸡”等。

食疗和药膳

食疗和药膳就是以食物当药来治疗和预防疾病。中国传统医药学认为，药可以入食，食也可以为药，这就形成了食疗和药膳。中国民间有一种说法，就是“药补不如食补，食疗胜似医疗”。食疗在中国民间非常盛行，早在周代就形成了医食合

一、医厨相通的传统。在古代典籍中,有关食疗的论著有很多,唐代医学家孙思邈所著的《千金要方》和《千金翼方》两部著作,都有专章论述。孙思邈认为,人的健康应以合理的饮食为基础,而不要轻易服药。他的食疗观点对我国的食疗方法、药膳制作产生了深远影响,食疗和药膳也逐渐成为中国民间盛行的强身健体、防病治病的方式。在中国民间,用日常食物防病治病,几乎家喻户晓。盐、醋、姜、葱、蒜等调味品也都具有食疗作用,并随实践不断发展。

药膳则是以药为食,变用药为用餐的方式来治病、防病。药膳从古流传至今,越来越受欢迎,常见的有粥食、面点、羹汤等。如"孩儿粥"是用山药、薏仁和柿饼等加大米煮粥,可治小孩脾胃虚弱;"川贝陈皮汤"可治风寒咳嗽;"参汁汤"则可用于病人和老人滋补养生。中国药膳不仅风行国内,在世界范围内也产生了广泛影响。橘皮茶、茯苓饼、菊花酒等中国药膳药饮,也逐渐在外国人的饮食生活中流行开来。

茶

中国是茶的故乡,制茶、饮茶已有几千年的历史,茶已经融为中国饮食文化的一部分。

茶叶的饮用可追溯至西汉时期,从魏晋时代开始,茶已经和酒一样,成为筵宴饮品中的佳品。唐代以后,饮茶更为普遍,在陆羽的《茶经》问世以后,饮茶成为社会各阶层都盛行的一种社会风气。茶大约从 5 世纪起便陆续输出至亚洲其他地区,17 世纪由荷兰人带到欧洲,随后由英国人传播到全世界。如今,中国茶已形成六大类别,即绿茶、红茶、青茶、黄茶、黑茶和白茶。

茶是中国人生活中不可缺少的一部分,而在茶的发展历史上,唐代的陆羽和他所著的《茶经》对中国和世界茶文化产生了极为深远的影响。《茶经》对唐代及唐代以前的茶叶历史、产地以及茶的功效、栽培、采制、煎煮、饮用等进行了十分详细的论述,是中国古代最完备的一部茶书。按《茶经》所述,中国古代的茶道,到唐代中叶的时候已形成一套完整的体系,采茶、制茶、烹茶、饮茶都有明确的规范,十分严谨。自《茶经》问世后,"饮茶益盛"。到今天,《茶经》的影响远及海外,日、韩、美、英等国都有许多《茶经》的藏本和译本。后世也尊陆羽为"茶圣"。

酒

酒是人类生活中的主要饮料之一。中国制酒历史源远流长,品种繁多,名酒荟萃,享誉中外。酒渗透于中国的千年历史中,从文学艺术创作、文化娱乐到饮食烹饪、养生保健,酒在中国人的生活中都占有重要地位。

在中国古代传说中，杜康是酿酒的发明者，创造了秫酒的酿造方法。后世也尊杜康为酒神、酒祖。中国是酒的故乡，也是诗的国度。诗从诞生之时起，就与酒结下了不解之缘。在中国古典文学作品中，酒是文人经常吟咏的题材，借酒劝世、傲世、消愁、韬晦、表现名士风流成为永恒的主题。回顾中国文学史，有关酒的描写比比皆是。古往今来，在中国诗酒文化形成的过程中，有许多传诵至今的佳话。多少文人骚客都因酒而兴致勃发，才思横溢，酒酣墨畅。魏晋时代，曹操的"对酒当歌，人生几何""何以解忧，唯有杜康"，成为广为传诵的名句。唐代诗歌大盛，诗人们嗜酒成风，代表人物首推诗仙李白。杜甫曾在《饮中八仙歌》中写道："李白一斗诗百篇，长安市上酒家眠，天子呼来不上船，自称臣是酒中仙。"北宋时，苏轼在中秋节饮酒，喝到微醉时，诗兴大发，写下豪迈悲凉的千古绝唱《水调歌头》。从宫廷到民间，酒与诗早已成为古代中国人民精神生活中不可或缺的一部分。

二、中国传统节日庆典

中国的传统节日形式多样、内容丰富，是中华民族悠久历史文化的重要组成部分。最早的节日活动内容和原始崇拜、神话传说等有关，活动的时间大多和天文、历法、节气等有关。从远古时期发展而来的传统节日，鲜明反映了中华民族先民丰富而多彩的社会文化生活，具有深厚的历史文化内涵。中国是一个多民族的国家，各民族都有自己独特的文化习俗和节日庆典，这里所介绍的是汉民族的一些较大的传统节日与相关文化习俗。

传统节日

·春节

春节在农历正月初一，古称"元日"，是中国民间最隆重、最热闹的传统节日。正月初一的前一夜是旧年的腊月三十夜，也叫作除夕或团圆夜。在这新旧交替的时候，守岁是最重要的年俗活动之一，除夕晚上，全家一起熬年守岁，欢聚酣饮，共享天伦之乐。中国北方地区在除夕有吃饺子的习俗，取"更岁交子"之意，在南方则有过年吃年糕的习俗，饱含了对新的一年生活甜蜜、步步高升的美好愿望。

春节的历史很悠久，起源于上古时期年头岁尾的祭神祭祖活动。有关春节起源的传说很多，其中"年"兽的传说非常有名。相传中国古时候有一种叫作"年"的怪兽，头长触角，凶猛异常，每到除夕便出来吞食牲畜、伤害人命，但后来人们发现"年"兽最怕红色、火光和炸响，所以每到除夕，家家户户便会贴红对联、挂红灯、燃放爆竹,以吓走"年"兽。春联由一对竖向的对联和横批共同组成,上下联字数相同,结构对应,平仄相谐,以五言、七言居多,内容往往涉及历史典故、诗词歌赋、民间传说等,蕴含着深厚的文化价值。春联以对仗工整、简洁精巧的文字描绘美好形象、表达美好愿望,是中国特有的文学形式。

• 清明节

清明节在每年 4 月 4 日至 6 日之间,既是自然节气点,又是中华民族的重要传统节日。在中国古代传说中,清明节与晋国大臣介子推有关。相传春秋时,介子推随重耳流亡,曾割股啖君。重耳复国后封赏功臣,独忘介子推,介子推遂携母隐居绵山。晋文公焚山逼其出,介子推母子抱树而死。文公为纪念他,将放火烧山之日定为寒食节,次日祭山时见枯柳复活,又定此日为清明节。

清明节是中华民族的重要传统节日,各地习俗虽不尽相同,但祭祖扫墓、踏青春游是基本主题。清明节体现了中华民族重视孝道、慎终追远的传统美德,维系着家族血缘关系和民族精神的传承。

• 端午节

农历五月初五是中国传统的端午节。关于端午节的起源和演变,有多种说法。其中纪念春秋时期楚国名臣屈原的说法流传最广。

屈原是战国时代的楚国人,遭谗去职,被赶出都城,流放到沅、湘流域。他在流放中,怀着忧伤悲愤的心情,写下了许多沉痛悲壮的诗歌,其中最著名的当属《离骚》。公元前 278 年,秦军攻破楚国都城。屈原心如刀割,感到自己的一切希望都已破灭,就在农历五月五日这天抱石投汨罗江而死。传说屈原死后,楚国百姓哀痛异常,纷纷涌到汨罗江边去凭吊屈原。渔夫们划起船只,在江上来回打捞他的尸体。有位渔夫拿出为屈原准备的饭团、鸡蛋等食物丢进江里,说是让鱼龙虾蟹吃饱了,就不会去咬屈原的身体。人们见后纷纷仿效。一位老医师则拿来一坛雄黄酒倒进江里,说是要药晕蛟龙水兽,以免伤害屈原。后来怕饭团为蛟龙所食,人们便用楝树叶包饭,外缠彩丝,这便是粽子的雏形。就这样,在每年端午节这一天,就有了龙舟竞渡、吃粽子、喝雄黄酒的习俗。

• 中秋节

中秋节又称八月节或团圆节,时在农历八月十五,因恰值三秋之半,故称中秋节。中秋节源自先民对天象的崇拜,由上古时代秋夕祭月演变而来,因此赏月是中秋节的重要习俗。嫦娥奔月、吴刚伐桂、玉兔捣药、唐明皇游月宫等众多神话故事使中秋节充满浪漫色彩,也为中秋节注入了丰富的文化内涵。月饼是中秋节的重要传统美食。中秋节赏月、吃月饼、吃团圆饭等习俗，从古代一直流传到今天。

·重阳节

重阳节在农历九月初九。在中国古代，六为阴数，九为阳数，两九相重，故称“重阳”。在民俗观念中，“九”是数字中的最大数，有长久、长寿的寓意，因此重阳节又是“老人节”。这一天有佩戴茱萸登高、吃重阳花糕、赏菊、饮菊花酒的重要习俗。

练习

一、名词解释

1. 八大菜系
2. 药膳
3.《茶经》
4. 杜康
5. 清明节

二、思考题

1. 为什么说中国传统文学与酒文化有着不可分割的联系？
2. 中国传统节日的起源主要有哪几类？

Introduction

The Modern Significance of Traditional Chinese Culture

Ⅰ. The Significance of Traditional Chinese Culture to the Chinese Nation

Culture is the essence of a nation. The spiritual pursuit of the Chinese nation, which has been reflected in 5,000 years of Chinese culture, has become a spiritual symbol that distinguishes the Chinese nation from other nations. Its core beliefs have constituted the spiritual world of the Chinese people, and its basic values have been accumulated as the cultural gene of the Chinese nation. These beliefs and values have become the spiritual lifeblood of the Chinese nation during the long history of development, so to inherit Chinese culture is to maintain the spiritual lifeblood of the Chinese nation. The value pursuit and spiritual character in Chinese culture have sustained the Chinese nation for thousands of years, which will still be strong spiritual forces for our development and growth in the future. The spiritual essence of Chinese culture is closely related to the "Chinese Spirit" that we should do more to foster today. To carry forward the Chinese spirit is the key to bring together Chinese strength and maintaining the stability of China. Thus, we must deeply understand the importance of Chinese culture.

Throughout the history of world civilization, a profound culture created by the Chinese nation has its own unique cultural tradition, special value system, distinct national traits and particular historical process. The long-term evolution process has created the Chinese nation's cultural identity, endowed the Chinese nation with vitality and creativity, and also determined our unique development path. At the same time, the cultural implications of the Chinese civilization encompass values that transcend time, space, and national borders, which have made a significant contribution to the progress of human civilization and the common values of mankind. Today, as we shoulder the responsibility of the development of the Chinese nation, we must maintain its cultural foundation and promote its spiritual beliefs. Promoting China's excellent traditional culture is the only solution to uphold the national characteristics of cultural development and to continue to spread the national spirit. Only by firmly standing on the sustainable development of the Chinese nation can we fundamentally understand the value and significance of traditional Chinese culture.

Ⅱ. The Values of Traditional Chinese Culture for Modern Chinese Society

The inheritance of Chinese civilization with a long history is a profound historical origin and a realistic foundation for Chinese paths. The promotion of China's excellent traditional culture is born from the need for the practice of socialism with Chinese characteristics. Chinese culture is the fertile soil for socialism with Chinese characteristics. The practice of socialism with Chinese characteristics is an all-around process of the social construction process, which needs assistance of Chinese culture. The most important thing is to build and consolidate the cohesion of the Chinese nation. Today, in the great cause of the great rejuvenation of the Chinese nation, culture has become the fundamental source of the cohesion of all Chinese people. The broad and profound traditional Chinese culture provides the whole country with common values and common thoughts, emotions and spirits. Only with these common cultural values, can we form a sense of belonging to the Chinese nation. Only with a sense of Chinese cultural identity can we lay a foundation for the cohesion of the nation.

In terms of the construction of social ethics and values, traditional Chinese culture has always emphasized governing the country with morality and internalizing people with morality, which formed a complete system of moral culture in history. China is known as a state of etiquette and ceremonies. A highly mature moral culture is a prominent feature and an important part of Chinese culture and it is an important feature of Chinese culture to be committed to stabilizing harmonious social relations. The inheritance and development of this moral, cultural system are the core of the construction of contemporary spiritual civilization.

With a long history, China has abundant historical books, among which there are many excellent historical works summarizing historical experiences. Thanks to its humanist view of the world, China attaches importance to the development of the real world and its history, and experiences and lessons learned from the success or failure in history in order to form the correct ideas of governing the country. One of the reasons why the Chinese nation has endured continuously and been passed down to this day throughout the long historical process is that it constantly takes lessons learned from history as a reference for governance. The realities of governance we face today are more complicated than at any other time in history, but the rich experience of Chinese culture still has important inspirations for today in many aspects. In particular, many of the ideologies put forward in traditional Chinese culture, such as putting people first and promoting common development, can be connected with modern ideas and thoughts and are still instructive.

In conclusion, the inheritance and development of traditional Chinese culture are not only our mission we should undertake for the development of the Chinese nation but also based on the actual needs of contemporary Chinese social construction. In thousands of years of development, Chinese culture has formed a set of value systems centered on benevolence, filial piety, loyalty and forgiveness, etiquette, justice, integrity, faithfulness, sincerity, dutifulness, and neutralization. This system dominates and influences the implementation of Chinese politics, law, economy, institutions, and policies and supports China's social and ethical relations. What's more, they guide people's behaviors, activities and values, and promote social stability, and mind towards goodness. The system is the value basis and source of the Chinese nation's spirit of vitality and perseverance as well as its capacity to embrace everything with virtue and tolerance. It is also the value implications of the Chinese nation's spirit. The development of the Chinese nation for thousands of years is closely related to the core value system of this culture, which also constitutes the basic traits of the Chinese people. The vitality of the Chinese nation reflects these values and their practices. Dauntless struggles carried out by numerous Chinese people with lofty ideals are the embodiment of these value systems. As a result, these values are the source of the socialist core value system.

Under the condition of the socialist market economy, the requirements of the social core value system are the same as those of ancient society, but they are also different. That means we need to focus on innovation when we carry on ideological and cultural inheritance in order to meet the changes and requirements of the times. The establishment of social order and ethical values cannot be separated from history and traditional moral culture. For thousands of years, traditional human-oriented culture has played an important and active role in spiritual stability, mind advancement, and social harmony. However, in modern social life, some of the traditional values can be directly applied, some of them must be transformed, and other values must be reorganized and summarized in accordance with the problems and needs of the times so as to make them become the core values of the new era.

Ⅲ. The Inspiration of Traditional Chinese Culture to the Global Difficulties

Traditional Chinese culture is not only important to the development of the Chinese nation and the construction of contemporary Chinese society, but also of great value in solving contradictions and conflicts faced by human. Contemporary human life sees five types of conflicts that urgently need to be resolved, that is, man and nature, man and society, man and others, man and self (mind), civilization, and another civilization. Different amounts of conflicts have ever existed, but these conflicts, which have already become the world's problems, are increasingly intensified in modern times. There is a growing recognition that it is impossible to resolve these contradictions and conflicts only by relying on modern Western values. Men of talent began to focus on other civilizations, including Chinese civilization. "The harmony of heaven and man" in Chinese culture pays attention to the harmony between man and nature; the doctrine of "loyalty and forgiveness" upholds the spirit of doing unto others as you would have them do unto you, which is conducive to dealing with conflicts between people; "seeking harmony without diversity" is helpful to cope with the relationship between different civilizations; the method of "the harmony between self and the community" is conducive to resolving the conflicts between individuals and society. Many ideas and thoughts in traditional Chinese culture provide great inspiration for resolving the conflicts faced by contemporary human beings.

Therefore, the reason why traditional Chinese culture needs to be promoted and inherited is that ideas, propositions, and plans that can reflect China's position, Chinese wisdom, and Chinese values should be put forward in terms of major problems faced by the world's growth. We need to put forward the ideas that conform to China's specific reality and universal significance by combining the wisdom of Chinese culture with China's history and reality. From the perspective of civilization, the profound Chinese civilization, as one of the world's major civilizations, has developed for thousands of years and supported the large population of the Chinese nation in a vast area. As a highly mature civilization, it has continued to grow sustainably in Asia and has deeply influenced the entire East Asia region. Its accumulation of civilization and wisdom not only made great contributions to the development of human civilization in the past. It must be the same true for today's world. More than 2,000 years ago, Confucius put forward the ideas of "doing unto others as you would have them do unto you" and "seeking harmony without diversity." These ideas are not only universal principles for human relations, but also deeply embody Chinese civilization's wisdom in dealing with human problems. The Five Principles of Peaceful Coexistence put forward in the 1950s is such a "Chinese approach." Therefore, only by comprehensively reviewing the rich experience of China's historical development, deeply exploring the practical wisdom of the Chinese civilization, deeply understanding the world outlooks and values of the Chinese culture, and having civilizational consciousness, can we truly propose a "Chinese approach" to solve human difficulties. The "China" here is based on 5,000 years of cultural accumulation. Without the inheritance and development of 5,000 years of the Chinese civilization, it would have been impossible to put forward such a "Chinese approach." Fundamentally, the so-called soft power of culture comes from the world outlook and the ability to deal with complicated events that the Chinese civilization has endowed us with. This is the inner strength that has underpinned the development of a great civilization for thousands of years. Only by inheriting the great Chinese civilization and using the wisdom of Chinese civilization to face the challenges of the times with the people in the world, can we earn people's respect in the world. It is in this sense that we must stand Chinese cultural ground, inherit Chinese cultural genes, and show the wisdom of Chinese culture so as to let China make greater contributions to mankind.

Chapter 1

A Brief History of Ancient China

China has a long and profound ancient history, stretching from the ancient time to the Qing Dynasty, with numerous historical events and dynamic changes. Here is a brief introduction to the history of ancient China, which spans thousands of years from primitive society to the Qing Dynasty, roughly in chronological order.

Ⅰ. The Primitive Society of China

Beginning with Yuanmou Man's existence about 1.7 million years ago and ending with the establishment of the Xia Dynasty in 2070 BCE, the primitive society of China consisted of two phases: primitive tribe, and clan commune that includes the matriarchal commune and the patrilineal commune.

Yuanmou Man of Yunnan, Lantian Man of Shaanxi (about 800,000 years ago) and Peking Man (700,000 to 200,000 years ago) belong to the primitive tribe, which was part of the early human society.

Peking Man was able to create and employ simple instruments of labor, use natural fire and obtain food through gathering and hunting.

Up to seventeen thousand years ago, according to their bloodline, the Upper Cave Man formed a relatively fixed group to fight against the nature with collective strength, and began to live the life of clan commune. They had greater improvement in labor skills than previous generations: they made stone and bone implements by grinding and drilling, learned to make bone needles for sewing hide into clothes, and learned to make fire.

About six or seven thousand years ago, Banpo Clan and Hemudu Clan started to enter the prosperous period of matriarchal commune. Farming and husbandry were the two main production activities at that time: people learned to grow millet and rice and raised a great number of pigs, dogs, cattle, goats, and other livestock; meanwhile, hunting and fishing were also of great importance. As for life, having learned to build houses, people began to live a sedentary life. At the same time, they created simple symbols to keep records by carving, which was the germ of primitive writing. In terms of social organization, as women played an important role in production and life, clan members confirmed their kinships based on their mothers' bloodlines. In the clan commune, members lived an equitable life where land, houses and livestock were communal, and worked and consumed together.

Four or five thousand years ago, due to the development of agriculture and husbandry, the role of men increasingly strengthened. Therefore, men gradually replaced the dominant position of women in production and life. At that time, people confirmed their kinships based on their fathers' bloodlines. And the matriarchy clan transitioned into the patriarchal clan. The middle and late periods of Dawenkou Culture reflected the situation of the patrilineal clan commune. The development of production led to a surplus of products, and then private property and the gap between the rich and the poor came into being among the clan commune.

Ⅱ. The Pre-Qin Period

Xia

In 2070 BCE, Yu established the Xia Dynasty, the earliest slavery state in ancient China. From around 2070 BCE to 476 BCE, the Chinese slavery society lasted about 1,500 years. In the 16th century BCE, Shang Tang overthrew Xia Jie's rule.

Shang

In the 14th century BCE, King of Shang Pan Geng moved the capital to Yin. Therefore, the Shang Dynasty was also called the Yin Dynasty. In the Shang

Dynasty, the slave economy had progressed. Agriculture was the primary production sector at that time; husbandry and handicraft industry also played an important role. The bronze ware manufacturing represented the most advanced manufacturing technology of the Shang Dynasty handicrafts. For example, the Simuwu Bronze Square Ding made in the late Shang Dynasty is the largest bronze ware in the world today. The writings carved on turtle shells and animal bones in the Shang Dynasty were called "oracle bone script," a kind of relatively mature character on which today's Chinese characters are based. Oracle bone script provides bountiful materials for people to study the history of the Shang Dynasty, so the Shang Dynasty is the earliest recorded dynasty in China at present.

Zhou

In 1046 BCE, having defeated King Zhou of the Shang at Muye, King Wu of Zhou ended the Shang and established the Zhou Dynasty, with Haojing as the capital. It was called the Western Zhou in history.

The Western Zhou was a period when the Chinese slave economy was highly developed. Agriculture was the main sector of economy. The land system was slave-owner's ownership with the well-field system as its core, which had come into being before the Western Zhou and had a great development in the Western Zhou. In agriculture, there were more bronze tools available. Moreover, bronze ware manufacturing was also developed much more than that in the Shang Dynasty. Thanks to the system of enfeoffment, the Western Zhou not only consolidated its rule over the original Shang region, but also developed into a slave state with a larger territory than the Shang Dynasty.

At the end of the Western Zhou, social conflicts were further intensified. In 771 BCE, an ethnic minority group called Quanrong invaded Haojing and killed King You of Zhou, thus ending the Western Zhou. King Ping of Zhou, the son of King You, ascended the throne and moved the capital to Luoyi (today's Luoyang), known as the Eastern Zhou. The Eastern Zhou could be divided into the Spring and Autumn Period and Warring States Period.

The Spring and Autumn Period

The Spring and Autumn Period (770—476 BCE) was the period when the slave society collapsed. It was named after *The Spring and Autumn Annals* revised by Confucius. After King Ping of Zhou moved the capital eastward to Luoyi, the ruling power of the Zhou royal court was greatly reduced while the power of the vassal states rose, and they governed separately. Duke Huan of Qi, Duke Wen of Jin, Duke Xiang of Song, Duke Mu of Qin, and King Zhuang of Chu successively became dominators, known as the "Five Hegemons of the Spring and Autumn Period" in history (another version: Duke Huan of Qi, Duke Wen of Jin, King Zhuang of Chu, He Lü of Wu, and Gou Jian of Yue).

The Warring States Period

In the early Warring States Period, the collapse of slavery was irreversible. The new landlord class began to participate in politics. They first seized power in several large vassal states through people's power. Many quondam vassal states were either destroyed or annexed, leaving Qin, Qi, Chu, Yan, Han, Zhao and Wei as seven major states at last, collectively known as the "Seven Warring States" in history. Through reform, these vassal states gradually transformed from slavery to feudalism.

Ⅲ. The Qin and Han Dynasties

Qin

Qin, Qi, Chu, Yan, Han, Zhao, and Wei, in order to expand their spheres of influence and compete for land and people, launched fierce annexation wars with each other. Finally, it was the Qin State that had undergone more thorough social reforms that united the other six states. Then, the Qin Dynasty, the first unified multi-ethnic centralized feudal country in Chinese history, was established.

After the unification of China, the first Emperor of Qin abolished the system of enfeoffment, set up prefectures and counties throughout the state as well as instituted bureaucratic administrative organs under the direct control of the emperor, to establish a feudal state with an autocratic and centralized government. Such an authoritarian centralized system had lasted for more than two thousand years since the Qin Dynasty.

The Qin Dynasty put an end to the division and fragmentation of the vassal states since the Spring and Autumn Period and the Warring States Period, and became the first centralized state in Chinese history, which had a profound impact on Chinese history. However, at the end of the Qin Dynasty, tyrannical rule of the Second Emperor of Qin brought heavy tragedies to the people, finally leading to the great peasant uprising at the end of the Qin Dynasty led by Chen Sheng and Wu Guang in 209 BCE. In 207 BCE, the Qin Dynasty came to an end.

Han

In 202 BCE, Liu Bang established the Western Han Dynasty. From the reign of Emperor Gaozu to the reign of Emperor Wen and Emperor Jing, due to the policy of "Recuperation," economy recovered and developed rapidly. The reign of Wen and Jing was called "Great Rules of Wen and Jing." After Liu Che, Emperor Wu of Han, succeeded to the throne, politically, he carried out the policy of "Decree on Granting Favors to the Royal Clansmen" to consolidate the central government's control over the local administrations; economically, policies of "Salt and Iron Monopolies" and "Central-Government Minting" were implemented; ideologically, he adopted Dong Zhongshu's policy of "Banning the Contention of a Hundred Schools of Thoughts and Venerating Confucianism Alone," which made the Confucianism of a dominant position in the subsequent dynasties and was highly praised by Confucian scholars. During this period, Zhang Qian's travel to the Western Regions opened up the famous Silk Road for the first time, opening trade routes between the East and the West. In 60 BCE, the Protectorate of Western Regions was set up, and Xinjiang was officially under the control of the central government.

At the end of the Western Han Dynasty, Wang Mang usurped power and established the Xin Dynasty. Subsequently, the Lulin and Chimei uprisings broke out, leading to social unrest. Eventually, in 25 CE, Liu Xiu rebuilt the Han Dynasty and made Luoyang its capital. Historically, this period is known as the Eastern Han Dynasty. During the reign of Liu Xiu, Emperor Guangwu of Han, the economy recovered and society became stable. This period is known as the "Rejuvenation under Emperor Guangwu." In the middle and late Eastern Han

Dynasty, there were political corruption, and consort clans and eunuchs alternated in power, which led to the outbreak of the "Yellow Turban Rebellion." The military leaders fought for power, and the Eastern Han Dynasty gradually declined and perished.

The Han Dynasty had inherited and consolidated the great unity initiated by the Qin Dynasty. With a prosperous economy, strong national strength and well-being of people during the dynasty's heyday, the Han Dynasty occupied an important position in world civilization. In the later Eastern Han, Cai Lun, a eunuch, improved the paper-making technology, which facilitated the exchange and development of culture. The Han Dynasty is considered to be the first golden age in the history of China. After the First Emperor of Qin unified China, the cultures of every state in the Warring States Period permeated with each other. By the Eastern Han, the Central Plains gradually unified in many aspects, including law and regulation, language and writing, culture and education, as well as customs, forming the common Han culture.

Ⅳ. The Three Kingdoms Period, the Jin Dynasty and the Northern and Southern Dynasties

The Three Kingdoms Period

At the end of the Eastern Han Dynasty, the court was corrupt, eunuchs and relatives were constantly fighting, the border wars continued, and the country's power gradually declined. Under the heavy pressure of taxes, farmers were at a dead end. At the call of Zhang Jiao, the Yellow Turban Rebellion broke out.

To suppress the Yellow Turban Rebellion, the local officials of the Eastern Han recruited troops and expanded their power one after another, to which many powerful landlords also attached themselves. Thus, at the end of the Eastern Han emerged many military blocs that set up independent regimes respectively, among which Cao Cao's and Yuan Shao's blocs were the most powerful in the northern area. In 200, after defeating Yuan Shao at Guandu, Cao Cao almost unified the northern area.

In 208, since Sun Quan of Jiangdong region (the east of the Yangtze River) and Liu Bei of Jingzhou combined to defeat the southward Cao Cao's army at Chibi, Sun Quan's status in the middle and lower reaches of the Yangtze River had been consolidated. Taking this advantage, Liu Bei occupied most parts of Hubei and Hunan, and then Sichuan. Cao Cao's power was confined to the Yellow River basin. All these laid the basis for the later formation of the Three Kingdoms—the states of Wei, Shu and Wu.

Jin

In the late Three Kingdoms, the state of Wei became increasingly influential. In 263, Wei defeated Shu Han. In 265, Sima Yan seized control of Wei and established the Jin Dynasty, known as the Western Jin. In 280, Jin conquered Wu, putting an end to the Three Kingdoms Period. The unification of Jin was short-lived. Due to the increasingly sharp class and ethnic contradictions, as well as the fatuousness and incompetence of Emperor Hui of Jin, the "Rebellion of the Eight Princes" occurred, thus severely depleting the national strength of Jin. Ethnic minorities and displaced people from all over the country took the opportunity to revolt and rebel. In 316, the Xiongnu conquered Jin.

In 317, after the collapse of the Western Jin, Sima Rui established a regime in the south, known as the Eastern Jin, with its capital Jiankang (today's Nanjing of Jiangsu Province). In the north, rulers of various ethnic groups established many states known as the Sixteen Kingdoms. In 383, the Former Qin, which had united the north, fought the Battle of Fei River against the Eastern Jin, where the Former Qin forces were defeated by the outnumbered Jin army. Before long, the Former Qin collapsed.

The Northern and Southern Dynasties

In 439, Northern Wei unified the north. In the south, Liu Yu, Emperor Wu of Song, seized control of the Eastern Jin and established Liu Song in 420. After that, Jin was succeeded by a series of short-lived dynasties: Liu Song, Southern Qi, Liang and Chen, collectively referred to as the Southern Dynasties. In the north, there were five dynasties, Northern Wei, Eastern Wei, Western Wei, Northern Qi and Northern Zhou, collectively known as the Northern Dynasties.

During the Northern and Southern Dynasties, Jiangnan region (the south of the Yangtze River) got further development.

In the Three Kingdoms period, the Jin Dynasty and the Northern and Southern Dynasties, thanks to the economic development, science and culture were further developed, and world-leading achievements were made in the fields of agricultural science and mathematics.

Ⅴ. Sui, Tang and the Five Dynasties

Sui

During the confrontation between the north and the south, the economic and cultural exchanges were seriously hindered, and the people suffered a lot from wars, which urgently demanded national reunification. Following the historical trend, Yang Jian, Emperor Wen of Sui, founded the Sui Dynasty in 581. He then sent his troops to destroy Chen in 589 and rebuilt a unified, multi-ethnic, and centralized feudal state. After a short development of more than 20 years, through a series of measures conducive to restoring social economy, feudal economy of Sui turned out to be prosperous.

Under the unification of the regime in the early Sui, economic ties between the people of all ethnic groups in the hinterland and border areas were greatly enhanced. The Grand Canal, built by the working people in Sui, became a major artery connecting the north and the south, effectively promoting the economic exchanges between the north and the south. However, the severity of the penal servitude caused serious social impacts. The Sui Dynasty was a short-lived dynasty. Emperor Yang's tyranny intensified class contradiction, which temporarily eased after the Northern and Southern Dynasties, finally resulting in the outbreak of a peasant uprising and the end of Sui.

Tang

In 618, the Tang Dynasty was founded by Li Yuan. Tang was a powerful and multi-ethnic feudal state. After Li Shimin, Emperor Taizong, ascended the throne, he quickly restored the feudal order, further carried out the equal-field system and grain-labor-kind tax, and paid attention to the use of good people and advice. His measures led to a prosperous and stable governing situation in the early Tang Dynasty, featuring political integrity, economic recovery and cultural prosperity, which was called "Great Reign of Zhenguan." During more than one hundred years from Emperor Taizong to the early period of Emperor Xuanzong, agricuture, handicrafts, and commerce all developed rapidly. Chang'an, the capital of Tang, was not only the political center of China but also one of the centers of economic and cultural exchanges among Asian countries.

In 690, Wu Zetian proclaimed herself as emperor, thus becoming the first female emperor in Chinese history, and renamed her era Zhou. Later generations called the more than twenty years under Wu Zetian's rule "Reign of Wu Zhou," which played a connecting role in the prosperity of the middle Tang.

In 712, having ascended the throne, Emperor Xuanzong adopted a series of policies and measures conducive to social development, which enabled the economy and culture in the Tang Dynasty to reach an unprecedented peak, known as the "Heyday of Kaiyuan."

In 755, the An-Shi Rebellion broke out. Tang began to decline after An-Shi Rebellion. The breakaway and occupation of territories by Fanzhen (buffer town), eunuch dictatorship and struggle among factions, greatly weakened the ruling power of Tang. In the late Tang, severe land annexation and heavy taxes gave rise to the peasant uprising led by Huang Chao. In 907, Zhu Wen, a rebel of the peasant army who surrendered to Tang, finally overthrew Tang and founded the Later Liang Dynasty, ushering the era of the Five Dynasties and Ten Kingdoms.

The Five Dynasties and Ten Kingdoms

At the end of Tang, Zhu Wen usurped Tang and established the Later Liang with Kaifeng as its capital. The Later Liang, Later Tang, Later Jin, Later Han and Later Zhou, together were called the Five Dynasties. Southern China was divided into several independent dynastic kingdoms, namely the Southern Wu, Southern Tang, Wu Yue, Southern Chu, Former Shu, Later Shu, Southern Han, Southern Ping, and Min. They were collectively known as the Ten Kingdoms, together with the Northern Han in Taiyuan. This period was called the Five Dynasties and Ten Kingdoms.

Ⅵ. The Song and Yuan Dynasties

Song

Zhao Kuangyin, a general of the Later Zhou, founded the Northern Song in 960. The Northern Song destroyed some of the separatist regimes one after another, ending the tumultuous Five Dynasties and Ten Kingdoms period. In the Northern Song Dynasty, several major minority regimes coexisted with the Song Dynasty in the vast territory of China: Liao, founded by the Khitan in the northern area; the Western Xia, established by Tangut people in Northwest China; and Jin, established by Jurchen in Amur River basin. These regimes contributed to the maintenance of the local unity and acceleration in the feudalism of ethnic minorities.

In the Northern Song, the tenants dependence on the landlord was somewhat reduced. The feudal tenancy relationship, appeared in Tang and developed widely in Song, became the main exploitation. The change of feudal relations of production promoted the development of agriculture and handicraft industry, as well as the commodity economy. Due to the prosperity of commerce, copper and iron coins circulated in large quantities and silver was used as currency. Then "Jiaozi," the earliest paper money in the world appeared.

The development of productive forces in the Northern Song expedited the progress of science and technology. Gunpowder weapons, compass for navigation, and movable type printing were all new scientific and technological achievements of this period. All these inventions and creations had played a huge role in promoting world's economy and culture.

However, in the Northern Song, the bureaucracy was huge, with a large number of officials. The government's fiscal expenditure was excessive, and it constantly increased taxes, leaving an increasingly heavy burden on peasants. What's worse, the bureaucratic landlord class annexed land wantonly, resulting in sharp class contradictions. The uprising broke out with the motto of "equating the rich and the poor" at the beginning of the Northern Song, asking for a change of the unequal wealth. The revolt marked the new development stage of Chinese peasant uprisings. At this time, besides class contradictions, ethnic contradictions were also very sharp. In 1127, the Jurchen nobles took advantage of the deep internal crisis to attack Bianjing and overthrew the Northern Song. Since then, there were two opposing regimes—the Southern Song and Jin.

After the establishment of the Southern Song Dynasty, the northern people's struggle against Jin prevented the Jin army's southward aggression, which played an important role in ensuring the social and economic recovery and development of the south. Agricultural production in the lower reaches of the Yangtze River exceeded that in the Yellow River basin, and Taihu Lake basin gradually became the region with higher rice production in China. The emergence of cotton textile industry was an important development of textile industry in the Southern Song. Besides, the progress of shipbuilding technology further promoted overseas trade, and Quanzhou became a big international port.

During the confrontation between Song and Jin in the Central Plains area, the Mongols began to rise in Mobei. In 1206, Genghis Khan unified the Mongolian clans and established the Mongolian regime. Mongol troops destroyed the Western Xia, Jin and other minority regimes. Kublai Khan established the Yuan Dynasty when succeeded to the throne. Yuan overthrew the Southern Song in 1279 and unified the whole state.

Yuan

The Yuan Dynasty was another era of unification in the history of China. Unification is conducive to the recovery and development of economy as well as the integration of various ethnic groups. The implementation of the Provincal System in Yuan was an upgrade of the system of prefectures and counties since Qin. It strengthened the central government's jurisdiction over local areas, especially the border areas, thus further consolidating the multi-ethnic state. During Kublai Khan's reign, he attached much importance to agriculture, decreeing the establishment of Agricultural Department and River-Channel Department to manage the agriculture and water conservancy affairs throughout the state. As a result, agricultural production was restored and developed.

Cotton textile industry in Yuan was more developed than that in Song. Since Huang Daopo learned advanced technology from the women of the Li nationality and improved it, the development of China's ancient cotton textile industry had entered a new stage.

The class oppression and national oppression in Yuan were very severe. In 1351, on account of the outbreak of the Red Turbans Rebellion, Yuan was overthrown.

Ⅶ. The Ming and Qing Dynasties

Ming

In 1368, Zhu Yuanzhang, Emperor Taizu of Ming, established Ming with Yingtian (today's Nanjing in Jiangsu Province) as its capital. In the early Ming, the government implemented a series of measures to strengthen the centralization of power and develop the economy. To build up military defenses, Zhu Di, Emperor Chengzu, supervised the construction of the imperial palace and city walls in Beiping, and the relocated the capital to Beiping (now Beijing). In order to consolidate the northern frontier defence, the government built the Great Wall stretching from Jiayu Pass in the west to Yalu River in the east. To further enhance ties with other countries, the government dispatched Zheng He to lead seven naval expeditions to the Western Seas, reaching as far as the east coast of Africa and the coast of the Red Sea. In the middle and later of Ming, with the development of commodity economy, "seeds of capitalism" appeared in some places in Jiangnan. However, in the late Ming, the feudal regime was decayed, and the social contradictions became increasingly acute, leading to the peasant uprising led by Li Zicheng. In 1644, Li Zicheng invaded Beijing City and Ming fell.

Qing

In 1616, Nurhachi of Jurchen established a regime called the "Later Jin" or "Great Jin." In 1636, Huang Taiji named the era Qing. After Shunzhi Emperor ascended the throne, passing over Shanhai Pass, he settled in Beijing City appointed as the capital in 1644. In order to further strengthen the centralized autocracy, the rulers of the early Qing set up Nanshufang (the place where the literary attendants of Qing emperors were on duty) and the Grand Council (an important policy-making body during the Qing Dynasty). Culturally, for the consolidation of the Manchurian aristocracy, the practice of shaving hair and changing clothes was carried out. In the more than 20 years after entering the Pass, the Qing government pacified other regimes such as Dashun and completed national reunification. During the reigns of the three emperors, namely Kangxi, Yongzheng and Qianlong, the Qing Dynasty reached a period of prosperity. With strong comprehensive national strength, the unified multi-ethnic country was consolidated and developed. During this period, ancient Chinese authoritarianism also reached its peak.

After the Qianlong era, the Qing Dynasty gradually declined under the accumulation of numerous internal contradictions and the rapid changes in the world situation. The policy of isolation from the outside world caused it to deviate from the track of world development. Western powers, aiming to open up the Chinese market, eventually triggered the Opium War. Since then, China has been plunged into the humiliation and transformation of modern times.

Chinese ancient history has spanned thousands of years, witnessing the succession of dynasties. From the glorious and resplendent dynasties of Qin, Han, Tang and Song, to the ups and downs of the Ming and Qing dynasties, in the alternation of the rise and fall of feudal rule, traditional society has been continuously developing and evolving. Until modern times, with the invasion of foreign powers, the national crisis became extremely grave. Thanks to the unremitting struggles of countless people with lofty ideals, China finally cast off the shackles of feudalism and the semi-colonial and semi-feudal society, witnessed the founding of the People's Republic of China, and ushered in a brand-new chapter in history.

Exercises

Ⅰ. Explain the following terms.

1. Oracle bone script
2. Bronze ware
3. Five Hegemons of the Spring and Autumn Period
4. Seven Warring States
5. Great Rules of Wen and Jing
6. Banning the Contention of a Hundred Schools of Thoughts and Venerating Confucianism Alone
7. The Silk Road
8. The Battle of Fei River
9. Heyday of Kaiyuan
10. The Five Dynasties and Ten Kingdoms
11. The Provincal System

Ⅱ. Think about the following questions.

1. What important role did the Qin Dynasty play in the history of China?
2. How can we comment on Emperor Taizong of Tang and the Great Reign of Zhenguan?
3. Briefly describe the emergence of seeds of capitalism in China's inner feudal society.

Chapter 2

Ancient Chinese Philosophy

Ancient Chinese philosophy has been a major factor in the system of Chinese culture and its thoughts have fully guided and influenced the traditional Chinese literature, arts, education, science, and customs. Since ancient times, the philosophy in China has given Chinese people much enlightenment for the universe and their own life. Consequently, it is said that the philosophy embodies the basic spirit of the Chinese culture and has been the most value civilization through thousands years of evolution. As a result, it is essential to understand Chinese philosophy before grasping the main idea of Chinese culture.

Ⅰ. A Brief Introduction to the Philosophy of Pre-Qin Philosophers

The Hundred Schools

The Hundred Schools of Thought (Zhuzi Baijia) refers to the various philosophical schools and their representatives from the Pre-Qin period to the Western Han Dynasty in China. The major schools that are well-documented in historical texts include Confucianism, Daoism, Legalism, Mohism, the School of Ming, the School of Yin-Yang, the School of Diplomacy, the School of Agriculture, the School of Miscellaneous Thoughts, and the School of Anecodotes. They engaged in intense philosophical debates around issues such as heaven and human beings, arcient and modern, as well as name and reality, ritual and law. Schools of thought not only struggled with eath other, but also absorbed from each other, resulting in a complex and prosperous ideological struggle during this period, which promoted the development and prosperity of ancient Chinese philosophy. Among the schools, Confucius, Mencius and Xunzi are for Confucianism; Mozi for Mohism; Laozi and Zhuangzi for Daoism; Hui Shi and Gongsun Long for the School of Ming; Shang Yang and Han Fei for Legalism; Zou Yan for the School of Yin-Yang; Su Qin and Zhang Yi for the School of Diplomacy, etc.

The emergence of the the Hundred Schools of Thought in the Pre-Qin period was closely related to the "collapse of rites and music" in the social environment at the time, as well as to the cultural traditions of different regions. For example, Confucianism is closely associated with the Zou-and-Lu's (Zou country and Lu country in ancient time) social culture; Daoism with the Jing-Chu culture, and Legalism, the School of Diplomacy, and the School of Ming with the culture of the Three Jin states. Outwardly, the title of the Hundred Schools of Thought contains assorted thoughts, but in fact there are still a lot of agreements on certain social order or governance. Besides, a lot of them are actually not completely opposite on certain views, and some schools have the characteristics of all schools. In terms of the influence on Chinese society, Confucianism, Daoism and Legalism are three major factors; in terms of aesthetic culture and social psychology, it can be said that the first two schools are complementary; in terms of political culture, Confucianism and Legalism complement each other. The Hundreds Schools of Thought created the first peak of Chinese culture, and their profound and active thoughts have had a lasting impact on Chinese traditional culture.

Ⅱ. Confucian Cultural Spirit and Ideal Personality

The core of traditional Chinese culture is Confucianism, which came into being during the Spring and Autumn Period and the Warring States Period. Its representatives are Confucius, Mencius and Xunzi. Confucianist classics include the six scriptures: *The Book of Songs*, *The Book of Records*, *The Book of Rites*, *The Book of Changes*, *The Book of Music*, and *The Spring and Autumn Annals*. Besides, we can also grasp the thought through *The Analects of Confucius*, *Mencius*, *Xunzi* and *The Book of Rites*.

Confucius

Confucius (551 - 479 BCE), whose given name was Qiu and courtesy name was Zhongni, was born in the Lu Kingdom (now Qufu City, Shandong Province) in the late Spring and Autumn Period. Confucius had been eager to study since he was a child, and started private lectures when he was about 30 years old which was the major activity of his life. Because his political thoughts could not be praised in Lu, Confucius left where he was born at the age of 54 and started his travel from one state to another to lobby with his own disciples. In his later years, Confucius devoted himself to education and systematically compiled ancient documents including *The Book of Songs* and *The Book of Changes*. According to the records in *Shiji*, or *Records of the Grand Historian of China* (China's first general history in biographical style, completed ca. 86 BCE), Confucius started to modify *The Spring and Autumn Annals*, which describes the history of the Lu Kingdom, making the book the first chronological historical work in China. *The Analects of Confucius*, a comprehensive record of Confucius's words and deeds compiled by his disciples, contains conversations between Confucius and his students. It is viewed as the essential data for later generations to study Confucius.

The Human-Heartedness, the basic concept of Confucian philosophy, is the fundamental condition of why human is distinguished from other things, so it is said: "The Human-Heartedness means to love people." The Human-Heartedness means the synesthesia among lives, and the universal connection and mutual nourishment among heaven, earth, people, things, and human. It is also the inner consciousness of a subject determined by itself. The concept contains the great moral value. The concrete implication of this concept is to love people, which are viewed as a kind of inclusive compassion, that is to say, to resonate with the pains and joys of others. A benevolent person will treat others with honesty, to love himself and to love others, to self-respect and to respect others. The heart of benevolence means extending the love for one's own relatives to all things in the world, and regarding oneself as an integral part of the universe. It is the admiration of this kind of benevolence that improves the human spirit to the realm of "harmony between man and nature."

Confucius also claimed that to love others, a universal moral principle must start from loving one's parents. Confucius did not believe that a person who did not love his parents could love everyone in the world. Therefore, Confucius mentioned that "filial piety" is the foundation of the Human-Heartedness. *The Doctrine of the Mean* quoted Confucius's remarks: "The Human-Heartedness means to love others, and a loving family is the most significant." To love families here means to love your parents. Confucius mentioned many times that children should love their parents.

In September 1993, the Parliament of the World's Religions adopted the Towards a Global Ethic (An Initial Declaration), in which one of the basic principles is the Confucius's qoute "no one should do to others what he does not want others to do to himself." In today's world where contradictions and conflicts are quite common, using such a principle as a way of coexistence between nations is to respect and understand each other, and it also regulates the relationship among people, countries, nations, and religions. Meanwhile, this idea can also inspire us to overcome various ecological crises caused by the opposition between man and nature.

"Li" (rites) is a set of customs and rules for polite behavior in social life. Among them, Confucius attaches great importance to the custom of funerals and sacrifice. The spirit of the ceremonies is what one of Confucius's students mentioned: "careful death" (carefully attend to the funeral rites of parents) and "recall people" (reminiscing one's ancestors). Confucius believed that this originated from human emotions. He said, "After a child is born, he cannot leave his parents' embrace for at least three years." That means it will take three years for children to leave the arms of their parents. Therefore, they naturally have a feeling of admiration for their parents, which would be manifested as a three-year mourning ceremony for children to serve their parents when their parents dead. As a result, Li is actually derived from the true feelings of loving parents.

The significant reason why Confucius prioritizes Li is to maintain social orders and keep social stability and harmony, which is stated in *The Analects of Confucius*, "A major function of Li is precisely to harmonize people of various kinds." That is to say, the role of Li serves to maintain the harmony of the relationship among people in social life. Confucius's emphasis on Li also has a philosophical meaning, that is, to equip people with an infinite and eternal pursuit of life. As we all known, human life is finite while the nature is infinite, and the world filled up with various lives is also infinite and eternal. Human beings would become sustainable through a way of passing on from generation to generation, and this limitlessness makes the pursuit real with the close connection to endless nature. Funerals and sacrificial ceremonies can make people truly experience this eternal continuation of human life and make them feel the value and meaning of life limited.

The Doctrine of the Mean is remarked as another core of the Confucian spirit. The so-called "Golden Mean" is the spirit of bringing greatness into the ordinary and ideals into reality. The defining feature of the Doctrine of the Mean is to educate people to consciously carry out self-supervision, self-education, and self-improvement, and cultivate themselves to grasp ideal personality featuring goodness, benevolence, honesty and morality in order to jointly create the realm of "peace and harmony" where everything is in good position of growing and developing. In other words, we dare to take responsibilities and equip ourselves with moralities, and will not hesitate to die to achieve virtue in face of crisis with moral courage as well as a strong sense of justice. In our daily life, we may not be able to do anything earth-shattering while each of us can and should be loyal to our duties, be diligent, in order to make our life noble in face of our practical obligations, our social roles and social position. Doing our best in common life and normal works, we will also get inner fulfillment and satisfaction, and achieve the purpose and meaning for life.

Mencius

Mencius (c. 372 – 289 BCE), whose given name was Ke and courtesy name Ziyu, was born in Zou (now Zou County in Shandong Province). Mencius was a disciple who was taught by the grandson of Confucius, Zisi. He is a key representative of the Confucian school during the Warring States Period. When he lobbied in many countries including Qi, Song, Teng, and Wei, the rulers and monarchs refused to adopt his suggestions because they thought that Men's doctrines were incompatible with the conditions. In his later years, Mencius returned to his hometown and retired from public life to engage in teaching. The distinctive idea of Mencius is kindheartedness and justice. Mencius, respected as the Second Sage by posterity, admired Confucius very much so that he established a complete ideological system through inheriting and developing Confucian thoughts.

Mencius is a classic work of Confucian school in the Pre-Qin era, recording the words and deeds of Mencius. The book is also an ethics work having important influence both at home and abroad. It can be said as the first classic work with a complete humanistic ideology in the history of Chinese ethics through providing a profound exposition of human and their moral issues. *Mencius* summarizes morality as "benevolence, righteousness, courtesy, and wisdom," and promotes the theory of the Goodness of Human Nature. Mencius believed that human nature was inherently good, but it also attached importance to the impact of environment and education around them and he encouraged them to pursue moral self-improvement.

The book also has an important impact on shaping the personality of Chinese intellectuals. The noble spirit extremely advocated in the book and the ideal personality it defines cultivated a spirit of indomitable manhood among Chinese intellectuals of the past dynasties. Wen Tianxiang and Zhu Ziqing, men of literature and writing in the past of China, who have great integrity, are all exposed to the thoughts mentioned in the book advocating that one should never be corrupted by wealth, changed by poverty and bent by force. The people-based idea is the core of the thought of Mencius, and the theory of Goodness of Human Nature is the basic connotation of the moral philosophy of Mencius. Mencius also believed that the reason why human nature was good was that he was born with good originality. The so-called originality is a kind of good conscience where we know without thinking and we grasp without learning. He divided the originality into four items: the ability to be compassionate, the ability to be ashamed, the ability to respect, and the ability to tell right from wrong. The most fundamental among them is the ability to be compassionate.

Mencius looked at these original abilities as the germs of moral concepts covering benevolence, righteousness, courtesy, and wisdom. People will get a comprehensive morality concept by enriching originality. Actually, the feature mentioned above is the essential attribute of human where the reason why human and animals are different. Based on the Goodness of Human Nature, Mencius ultimately constructed a major part of human science described in the book *Mencius* from the point of the two aspects of "making both self-achievement and achievements around human" and "grasping both leader morality and well-acceptable governance."

Mencius encouraged governors to govern a country in the policy of benevolence and advocated the traditional "people-oriented" thought, suggesting rulers to follow the governing rule that "people are the most valuable, society is the second, and the emperor is the last." The foundation of the humane governance is the theory of the Goodness of Human Nature. Mencius believed that moral cultivation was necessary and possible for a man and for him the concepts of benevolence, righteousness, rites and wisdom are inherent in the heart. For example, children know from an early age that loving their parents and respecting teachers are their natural conscience. Contrary to Mencius, the proposition of another representative figure of Confucianism Xunzi is more radical because he politically advocated both rites and laws. In terms of human nature, however, he advocated that "human nature is originally evil," and only through learning and education could they achieve moral perfection.

Generally speaking, with ethic at its corn, Confucian thought has a positive impact on social stability and development. Based on emphasizing personal integrity, the thought has become a spiritual force that inspires human to consciously safeguard justice and be loyal to the nation and country under that historical condition. In today's modernization drive, the spirit of valuing harmony, maintaining the mean, adhering to the right path and acting with integrity within Confucian culture will inspire people to strive toward their ideal goals, undeterred by difficulties and setbacks.

Ⅲ. Daoist Culture Spirit

Laozi and Zhuangzi are the main representatives of Daoist school. Their masterpieces not only express special life wisdom, but also a special spirit of Chinese art as well. A lot of polysemous comparisons and metaphors are used in their works to convey the meaning of Chinese philosophy. It is said that *Laozi* and *Zhuangzi*, which are full of poems and philosophy, are both boundless in implication and coverage.

Laozi

Laozi, or *Dao De Jing*, was compiled around the 6th century BCE to cultivate Chinese Daoists, a philosophical school paralleled with Confucianism in ancient China. Even today, the book still has an impact on the character, thought and aesthetic of Chinese people.

In contrast to Confucian positive participation into society, the core of Daoism is non-participation, letting nature take its course without any actions. Based on this cardinal principle, Laozi had come up with a lot of instructive and enlightened ideas, for example, "Dao means to follow nature's course." Nature, one of the most important concepts in Laozi's philosophy, refers to a life style following the world without any transformations. Laozi also emphasized that everything in the world has its own laws. For example, birds can fly while fish can swim; flowers can bloom and fall; seasons would change. That means everything is natural and will not transform under the influence of human will. The so-called "independence without any changes" means people should not forcefully try to give it any changes. As an important concept in Laozi's philosophy, "having-no-activity" is aim to protect nature. On the one hand, Laozi's claim that action through inaction requires us to follow the rules of nature without changing any orders while embracing our daily affairs instead of forcefully changing the fixed law of nature. On the other hand, Laozi's opposition to "man-made" is to forbid the blind behavior destroying nature instead of human active creations. Therefore, Laozi still appealed to humans to make creations according to laws of nature.

"Reversing is the movement of the Dao" remarks as the epitome of Laozi's dialectic thought. The "reverse" here means both "opposite" and "return" which are related to each other, reflecting the unique wisdom of Laozi's philosophy.

From the point of Laozi, it is human who distinguishes subjectively beauty or ugliness, good or evil, difficulty or ease, length or short without regular basis. Human's behavior in defining the world and classifying its items is actually a misunderstanding of the real world. For instance, people will have various opinions on beauty when they start their pursuit of it. Laozi did not oppose the pursuit, but he believed that the true beauty could only be achieved through efforts going beyond this concept. Apart from what has been discussed above, Laozi also defines "reverse" as circulation, which refers to the endless life, returning to the natural and limitless world. It is also the Dao he described—"It stands alone and remains unaltered, and it circulates constantly without ever coming to an end."

Based on his natural inaction, Laozi put forward the viewpoint of overcoming firmness with gentleness for human behavior. Laozi's era was full of endless wars so that the thought on fights became an important topic in the ideological field at that time. Opposing war had also become the mainstream thought of that era, such as Sunzi's (an ancient Chinese famous militarist) thought of subduing the enemy without fighting; Mozi's thought of criticizing the offensive and highly praising universal love; and Mencius's thought of benevolent governance with opposing war. Laozi's viewpoint gives us a new perspective to explore the causes of a war.

Laozi believed that a war was usually caused by the expansion of human desires for which a man would give a fight. Gradually, the fight would turn into a war driven by its chain effects. For this reason, Laozi maked "not to contend" as the fundamental of his claims. He believed that the desire to compete and win was the root of decline; while being pure and inactive was a key to live a natural life.

According to Laozi, "goodness is like water" means water has the highest-level of goodness. The metaphor highlights his philosophy of "incompetence," which is different from the jungle laws filled with malicious struggles. Laozi said: "Water is good for all things without any extra desires which is the highest virtue of water." In his eyes, humans always go to higher places while water flows to lower places. Driven by various desires, humans usually strive for higher positions, while the water prefers flowing down forever with no desires. Water is a source of life that can nourish everything and bring life to the earth. Without water, there is no life. Water makes a huge contribution, regardless of its own gains and losses. The water is in the lowest and quietest places where there is the most peaceful atmosphere, encompassing everything in the world and reflecting everything.

Laozi's philosophy is not weak but powerful. He believed that water would accumulate powerful energy from tenderness and tranquility around itself in order to break through all obstacles it would meet in the world. He said: "Nothing is meeker than water in the whole world, but nothing else better than water to overcome the hardship." Even though water is apparently a weak item, it still can crack down the hard. Water is well-known as its invincible character because of its grace, featuring no aggressiveness and no eagerness for fame and desire. There is no sign showing that Laozi praised failure. Instead, he believed that a man who wanted to empower himself ought to act like water, starting from small affairs around him to gather energy at lower level rather than bullying the weak. Giving up the desire to be strong is the fundamental way to gain prosperity.

In Laozi's view, meekness, a symbol of human life, is not only the way to gain strength for a man, but also the way to keep his life away from risks. He mentioned that "When people are alive, they are soft and weak; when they die, they become rigid and strong. When plants are alive, they are tender and brittle; when they die, they become dry and withered. Therefore, the rigid and strong belong to the category of the dead, while the soft and weak belong to the category of the living." That means staying weak equals keeping life. Only in this way can human avoid any battles.

Zhuangzi

Zhuangzi devotes to enriching Daoism into a true school and improving himself to a defining figure through the inheritance and innovation of Laozi's philosophy. The essence of Zhuangzi's philosophy ultimately stems from the teachings of Laozi. The book *Zhuangzi*, written by Zhuangzi and his disciples, contains a large number of fables, including *Fisherman*, *Daozhi*, *Quqie* which record Laozi's stressful point. In this book, Zhuangzi inherited Laozi's doctrines and advocated liberalism, scorning rituals and powers which demonstrated by "On Leveling All Things," "Peripateticism" and "The Grand Master." The birth of this work indicates that during the Warring States Period, Chinese philosophical thought with literary languages had advanced to a very profound level.

Zhuangzi's essays are full of unique imagination, various styles and intensive romanticism. Most of them are in the form of fables, having a great impact on later generations with abundant humor and irony. Therefore, Zhuangzi is not only a famous thinker in the history of Chinese philosophy, but also an outstanding writer in the history of Chinese literature.

To utilize an allegory to clarify relative ideas is a method usually used by the ancients to argue between right and wrong. The word "fable" (Yuyan), taken from "Fables" in "Miscellaneous Chapters" in *Zhuangzi*, means telling a story with persuasive or ironic meaning and an implicit theory. In terms of form, the story featuring terse language is full of wisdom and philosophy. In terms of expression, the story can generally be regarded as way of metaphor, that is, to make a metaphorical relationship between two relative things. Usually, it embodies a profound truth through a simple narration, or embodies something microscopic or something close in our life to reflect wisdom through simple stories.

The story plays its role on basis of argument and analogy using the essential summed up in the story to illustrate the others with the same sectors in a way not easily found. It is said that the Pre-Qin scholars used to adopt this way in their works. For example, Confucius compared the draconian principle to a fierce tiger; Mozi used "the king of Chu likes a slender waist" to teach a lesson that for a high-ranking figure, he must be cautious about what he advocates and what he opposes, otherwise it will bring serious consequences; Mencius used "Yue Rang

Yi Ji" (stealing one chicken every month) to explain that we should go into action in time for good things, "Bei Shui Che Xin" (an item shows that using a glass of water to save a car of firewood) to prove that little benevolence cannot be better than unscrupulousness and "Ya Miao Zhu Zhang"(spoiling things by being over-eager) to reveal that the cultivation of awe-inspiring spirit should also conform to nature law, etc. Zhuangzi often used fables to replace the elaboration of philosophical viewpoints. There are more than 100 fables in *Zhuangzi*. "Kun Peng Zhi Bian" (a fairy tale that tells that an enormous fish evolves into a big fish) illustrates the relativity of the big and small, high and low, and absolute liberalism. "Pao Ding Jie Niu" tells us that the key to living a good life is to conform to nature and leave emotions behind, not being troubled by an irrelevant environment. "Tang Lang Bu Chan, Huang Que Zai Hou" explains that everything should be having-no-activity. "Hun Dun Zhi Si" means that everything must follow the nature's law.

The essays that expound principles through fables with *Zhuangzi* as the representative, have a complete story structure. The feature that a plot apparently is not the same as connotation it has makes these essays different from simple novels and stories without implied meaning. The stories in these essays are peculiar but reasonable, exaggerated but not aimless and arbitrary, effectively conveying the profound significance of the fables' moral lessons with an appropriate and reasonable level of comprehensibility. The language of these stories is concise and intriguing. It can be said that the allegorical and rational stories of ancient thinkers, rich in good thought and artistry, have evolved into idioms, infusing in the blood of traditional Chinese culture and subtly influencing the Chinese way of thinking.

Ⅳ. The Philosophy of the Song and Ming Dynasties

The Philosophy of the Song and Ming Dynasties, or the Neo-Confucianism, is a new synthesis of the Confucianism, Daoism and Buddhism in the Song, Yuan and Ming dynasties. It relies on Confucianism as its backbone, incorporating the wisdom of Buddhism and Daoism, and establishes a moral metaphysical system centered on the theory of rationality and energy and the theory of mind and nature. The Neo-Confucianism has changed the tradition of commenting on the Five Classics since the Han and Tang dynasties into an academy that emphasizes the principles of the four books (*The Analects of Confucius*, *Mencius*, *Daxue*, and *The Doctrine of the Mean*) discussing the cultivation of physical and mental life. Relying on the academics where people could give lectures freely among the folk, the Neo-Confucianism further secularized the traditional elite culture. As a culture, Neo-Confucianism is the embodiment of the entire East Asian civilization. It not only became China's official ideology in the Yuan, Ming, and Qing dynasties but also exerted a wide and profound influence on various ethnic groups in East Asia from the 14th century.

Zhu Xi

In the Song Dynasty, Zhu Xi established a vast Neo-Confucianism system, which represents the culmination of the Neo-Confucianism in the Song Dynasty. His achievements were praised by later generations. Zhu Xi focused on discussing the relationship between Li and Qi and the relationship between mind and nature. He believed that the laws of things in the universe must logically precede individual things. If Li or principle is set as the reason why people are human, that is, the essential stipulation of people as "human" (different from animals), then it is logically prior to or higher than actual people. In a certain sense, this emphasizes the restriction of moral reason on the emotional desires connected with the flesh and blood.

"Investigating things to acquire knowledge" is a theory often emphasized by Zhu Xi. "Investigating things" means examining and studying specific objects. "Acquiring knowledge" refers to obtaining the principles of things and trying to expand and accumulate them as much as possible. Based on the accumulation of a large number of investigated principles, one can achieve a sudden and thorough understanding.

Zhu Xi's thoughts had a profound influence on the development of the Neo-Confucianism in later generations. His ideas also exerted an impact on many neighboring countries of China, especially Japan and Korea.

Wang Shouren

Wang Shouren is a master who synthesized the School of Mind within the Neo-Confucianism. The extension of intuitive knowledge and the unity of knowledge and action are his representative docrines. He affirmed the connection and inclusion between knowledge and action and even regarded the idea and motivation to act as the beginning of action. Intuitive knowledge was initially mentioned by Mencius, which refers to the heart to distinguish between good and evil, that is, the inner moral judgment and moral evaluation of a person. Conscience is inherent in people, and there is no need to seek outside. In Wang's version, on the one hand, he removed selfish thoughts and improper desires in his heart and maintained a kind heart; on the other hand, he accepted the tempering in real life and concretely expressed the kindness in the heart so that people couldn't just talk about it orally. Conscience is not only manifested in the principles of "knowing right and wrong"or "knowing good and evil," but also in the moral consciousness and practice of advocating good and casting away evil. Intuitive knowledge is also a set of skills to cultivate virtue. Wang thought that people should act on it oneself and pursue their ideals in life in practice personally.

The Philosophy of the Song and Ming Dynasties elevated morality as a noumenon and rebuilt human philosophy. The highest ideal of the Neo-Confucian is the spiritual realm of "harmony between man and nature." They often talk about being "open-minded" and show the sage's attitude every time. The Neo-Confucianism has played an important role in establishing the structure of the subject's will, such as cultivating moral integrity, self-control, and striving to become stronger. It takes moral self-discipline, human social responsibility, historical mission, and human superiority to the height of ontology, which has established an unprecedented grandeur of human moral subjectivity.

Exercises

Ⅰ. Explain the following terms.

1. The Hundred Schools
2. The Doctrine of the Mean
3. Goodness is like water
4. Reversing is the movement of the Dao
5. Cheng-Zhu School
6. Investing things to acquire knowledge

Ⅱ. Think about the following questions.

1. Why is Li (rites) so important in Confucianism?
2. What are the characteristics of utilizing a fable to clarify relative ideas?
3. What is the important meaning of the Philosophy of the Song and Ming Dynasties?
4. What are the similarities and differences between the Legalist philosophy and today's concept of the rule of law?
5. How can we evaluate Wang Shouren's philosophical theory?

Chinese Language and Characters

Language is a bridge and bond for communication among members of society, a tool for expressing ideas, and plays an irreplaceable role in maintaining social harmony and stability. More importantly, the language of any ethnic group is a core element of its own culture and a special national sentiment which is extremely important in enhancing national cohesion. As one of the most abundant and excellent languages in the world, Chinese language has great importance in carrying history, uniting people's heats, and inheriting national spirit.

Ⅰ. The Characteristics of Chinese

There are about 5,000 languages in the world, but only over 140 have more than one million speakers. Chinese has the largest number of speakers, accounting for about one fifth of the world's population. Therefore, Chinese is one of the seven working languages designated by the United Nations, along with English, Russian, French, Spanish and Arabic.

As early as the Spring and Autumn period, a common language emerged in the Han nationality. Putonghua is the common language and standard language of the modern Han nationality. It takes the Beijing pronunciation as its standard pronunciation, the northern dialect as the basic dialect, and the typical modern vernacular writings as grammar norms.

Compared with other languages in the world, Chinese has its own characteristics. The syllable structure of Chinese is neat, consisting of initials and finals. Each syllable has a tone that can distinguish meaning. In terms of structure characteristics of words, there is no inflection of Chinese characters to indicate grammatical relations in sentences. For the expression of syntactic structure, grammatical relations are not reflected through inflection of words in Chinese but through word order and function words. Word order refers to the order of words in a sentence, which reflects grammatical relationships. For example, "红花" is a positive relationship, and "红" categorizes "花" based on their color; "花红" is a subject-verb relationship, and "红" is a statement of the state of "花." Function words in Chinese directly affects the structure and semantic expression of the language. For example, "写字" is a verb object structure, while "写的字" is a biased structure. The "和" of "我和你" indicates a joint relationship, while the "或" of "我或你" indicates a selective relationship.

Ⅱ. The Evolution of Chinese Characters

Chinese characters are one of the oldest writing systems in the world. Generally speaking, during the long-term development of script styles of Chinese characters, there are the early pictorial script, oracle bone script, stone-drum script, bronze script, large seal script, small seal script, clerical script, regular script, running script, cursive script, as well as various printing fonts gradually derived to meet the printing requirements after the invention of printing.

Oracle Bone Script

Oracle bone script was mainly popular during the Shang and Zhou dynasties. It is the earliest mature writing system discovered in China so far. It got its name because the inscriptions were engraved on turtle shells and animal bones. Its contents typically include the diviner's inquiry about a particular event or situation, and there are also a small number of "record inscriptions." Oracle bone script was usually carved with knives, so its lines were thin and it was often square. From a structural perspective, oracle bone script was already a fairly mature writing system. The structural methods of the Six Principles (Liushu)—pictographs, indicative characters, compound ideographs, and pictophonetic compounds—were already present in oracle bone script. This indicates that people at that time had already learned to use existing characters as components to create new characters, laying the foundation for the further development of the Chinese writing system.

Bronze Script

Bronze script refers to the inscriptions carved and cast on bronze wares during the Shang and Zhou dynasties. In ancient times, bronze was called "Jijin," so the inscriptions on this kind of bronze ware were called "Jinwen" in Chinese. Because of the important position of bells and Ding (an ancient cooking vessel) among the bronze wares of the Zhou Dynasty, the inscriptions were also called "bronze script" or "bell and Ding script."

Bronze script was generally written on the molds first and then cast on bronze wares. Therefore, the lines of bronze script are thick, strong, round, and plump; the shape is solemn and beautiful; the size tends to be the same; and it is written more neatly. The number of pictophonetic compounds became larger while the number of variants of Chinese characters relatively became smaller in bronze script with the fact that its structure tends to be fixed, which indicates that bronze script is more mature than oracle bone script.

Small Seal Script

Small seal script, also called Qin script, was created by Li Si, the Prime Minister of the Qin Dynasty. The writing of small seal script was completely linear and the pictographic character was weakened. In terms of the structure, it had formed a quite rigorous writing system: On the one hand, there was a significant decrease in the number of variants of Chinese characters, and the writings of components tend to be consistent. That is, the writings of same component in different characters and in different positions of the same character are basically the same. On the other hand, the number of pictophonetic compounds had greatly increased. All of these strengthen the connections between characters, so that Chinese characters in general form a network of interconnections.

Clerical Script

After the invention of small seal script, it was still difficult to meet the needs of documents in increasing numbers. Clerical script is a type of calligraphy font that emerged on the basis of the seal script to meet the need for more convenient writing. It simplifies the complex, changes the round-shaped characters into square ones, and modifies the curved strokes into straight ones. The appearance of clerical script has improved the writing speed, and meanwhile, it has laid the foundation for the emergence of other calligraphy fonts such as regular script, running script, and cursive script.

Regular Script

Regular script, also known as standard script or correct script, gradually evolved from official script. It is more simplified, with horizontal strokes being flat and vertical strokes being straight. It emerged at the end of Han and early Wei (early 3rd century CE). As for the creator of regular script, there is a relatively common saying that it was created by Wang Cizhong of the Eastern Han Dynasty and that Zhong Yao of Wei in the Three Kingdoms Period was the first calligrapher of regular script in Chinese history.

Running Script

Running script is a script style between regular script and cursive script and it is written more freely. It germinated in the Han Dynasty, reached maturity during the Wei and Jin dynasties, and has been popular till now. *Preface to the Poems Composed at the Orchid Pavilion* by Wang Xizhi, the Sage of Calligraphy, is the pinnacle of running calligraphy.

Cursive Script

Cursive script evolved from clerical script and took shape in the Han Dynasty. The creation of cursive script indicates that the development of Chinese characters has been close to perfection. However, cursive script, especially wild cursive script, is often difficult to identify, so it can only be used as a work of art for people to appreciate.

Ⅲ. The Cultural Characteristics of Chinese Characters

Any kind of writing has three elements of script—character form, pronunciation and meaning—representing certain sounds and meanings in a language. The nature of Chinese characters differs a lot from that of alphabetic writing. The ancient people summarized the methods of creating Chinese characters into the Six Principles—pictographs, indicative characters, compound ideographs, pictophonetic compounds, transfer of meaning, and borrowing. From these six methods of character formation, it is evident that Chinese characters are primarily vivid and intuitive pictographic ideograms.

Pictographs are created by mimicking the outer shape of the material objects and then are gradually changed into symbols from pictures. Each symbol represents a material object. Most of the nouns in ancient Chinese are monosyllabic, that is, an object has one name that corresponds to a monosyllabic character. Therefore, a pictograph embodies the complete individual of an object. Pictographs are only some simple sketches of shape of the object, so that people can connect the character forms with specific things and know their meanings at a glance. The more ancient the character, the more vivid it is.

Indicative characters refer to the character-making method that uses special symbols to mark an object and express a concept. When a pictograph is difficult to express a characteristic of a thing, the method of marking a sign will take the place of it. Take the character "刃" as an example. "刀" is a pictograph. The blade is dependent on the knife, so a little stroke is added to "刀" to indicate the meaning of "刃." Another example is about "末" and "本." These two characters are created by drawing a stroke to "木" on the top and bottom respectively, which represents the treetop and the root. It can be seen that indicative characters can't be perceived as directly as pictographs, so their meaning can only be understood after observation and analysis.

Compound ideographs refer to the method of combining existing characters based on pictographs and indicative characters. Two or more pictographs with compatible meanings can be combined to represent a new meaning. For example, the single character "从" means "follow," that is, one person ("人") standing behind another. And "删" means "delete" and "remove," with a knife next to "册" standing for scratching unnecessary words on bamboo slips with a knife.

Pictophonetic compounds refer to the method of taking an object as the radical of semantic meaning and taking the character of the similar pronunciation as the phonetic radical of a new character. For instance, "湖" and "河" both take "water" as the radical of semantic meaning related to water, while the radicals "胡" and "可" are used to indicate the pronunciation of the charaters. Pictophonetic compounds are the most capable method of creating characters. In *Shuowen Jiezi*, pictophonetic compounds account for more than 80%.

The Aesthetic Style of Chinese Characters

Chinese characters can both record language and be appreciated as aesthetic works of art. Chinese calligraphy has been associated with painting since ancient times. It can be seen that Chinese characters are full of aesthetic values, which are also determined by the basic structure of Chinese characters.

The structure of Chinese characters is unique and distinct from alphabetic characters. Alphabetic characters are linear, and the structural elements of the characters are arranged in lines and stretch out in one direction like one-dimensional straight lines. The overall structure of Chinese characters is a two-dimensional plane. A character seems to be a picture, with the structural elements of the word being distributed in the plane. Each component can not only be put on the left and right side to form a character but also can be on the top and bottom. But no matter how to combine them, a character is always like an individual square, not linked to other characters. That is to say, no matter how many radicals a character has, they should be balanced and skillfully combined in the square.

The principle of structural beauty of Chinese characters is to coordinate various strokes, structural radicals and ways of combination in a square to achieve stability, harmony, flexibility, and beauty. The structure of Chinese characters pays attention to internal balance, and any Chinese characters, no matter how to combine radicals and adjust the proportion and the structural radicals, should be reasonably distributed in the square frame. At the same time, the characters need to be well-spaced. It is by following the aesthetic rules of such layout that Chinese calligraphy has become an art.

It is particularly worth pointing out that the Chinese language has always emphasized a sense of subjectivity in constructing sentences for the text. Chinese has always emphasized these principles—"writing an article should be based on an idea," "the idea comes before writing," "the spirit governs the form,"and "once the essence is grasped, the words can be forgotten." These views of the Chinese fully embody the pursuit of being strikingly similar in spirit in Chinese classical aesthetics. People can say that Chinese calligraphy carries forward this aesthetic view to the extreme. From its genesis, Chinese characters have embodied the pursuit of similarity in spirit. For example, "鹿" in oracle bone script shows the overall side-view of the deer with a few lines, among which the deer's horns, like tree branches, are arresting. The appearances of "马" and "象" highlight the shapes of horse's mane and elephant's trunk. It can be said that the symbolization of Chinese characters is a constant pursuit of characteristics and similarities in spirit.

Shuowen Jiezi and Xu Shen

Shuowen Jiezi was meticulously compiled by Xu Shen, a Han Dynasty philologist and scholar of the Five Classics, over a period of 22 years. It is the earliest dictionary in China and even in the world. It systematically explains the genesis of Chinese characters and initiates the organizational principle of 540 radicals, and can be regarded as the greatest exegesis of the old-script texts and classics. This book traces the origin of Chinese characters, and distinguishes the rules of evolution of seal script, clerical script, cursive script and running script, providing an important basis for studying ancient Chinese characters.

Shuowen Jiezi summarizes the methods of creating Chinese characters: pictographs, indicative characters, compounds ideographs, pictophonetic compounds, transfer of meaning, and borrowing, namely the Six Principles. Xu Shen also invented the radicals of Chinese characters. By summarizing the radicals, he arranged tens of thousands of complicated Chinese characters neatly, so that later generations could find the characters they needed conveniently and quickly according to the radicals. *Shuowen Jiezi* is a great work of philology, a bridge between ancient Chinese and modern Chinese. It is also a great work of linguistics and the history of lexis.

The Vernacular Language Movement in Modern China

In the early 20th century, a group of Western-educated people (then called nouvelle educated) initiated a revolutionary movement in Chinese cultural circles—the Vernacular Language Movement. The achievements of the Vernacular Language Movement are mainly manifested in vernacular works. During the May Fourth Movement, vernacular essays played a great role in expressing new thoughts and criticizing old ones. For example, although the articles of Li Dazhao, Chen Duxiu, Lu Xun, Hu Shi, Qian Xuantong, Liu Bannong and others have different styles in language, they are all clear, explicit, accurate and full of logical power in reasoning. In literature, prose, novels, poetry, and other genres showed new vitality. Especially in 1921, the publication of Lu Xun's novella *The True Story of Ah Q* and Guo Moruo's collection of poems, *The Goddesses*, laid a solid foundation for vernacular literature.

The Vernacular Language Movement was a lively, progressive, and revolutionary movement. It announced the end of the era of classical Chinese and the beginning of the era of vernacular Chinese in literary and artistic language. The movement opened up a new era of vernacular literature, promoting the change and progress of Chinese social development.

Exercises

Ⅰ. Explain the following terms.

1. Oracle bone script
2. Bronze script
3. Pictographs
4. Indicative characters
5. Compound ideographs
6. Pictophonetic compounds
7. *Shuowen Jiezi*
8. *The True Story of Ah Q*

Ⅱ. Think about the following questions.

1. How can we understand the unique aesthetic style of Chinese characters?

2. Briefly describe the causes, process, and historical significance of the Vernacular Language Movement in modern China.

Chapter 4

Ancient Chinese Education

Ⅰ. The Characteristics of Ancient Chinese Education

Ancient Chinese education is a component of magnificent Chinese ancient culture, which serves as the foundation for Chinese ancient culture's inheritance and development, as well as the momentum of its constant innovation. Schooling, social education, family education, and all types of crafts and technical education were all used to ensure the transmission of ancient Chinese civilizations from generation to generation and the continuation of the past into the future in ancient China. Without ancient Chinese education, it would have been difficult for the material and spiritual civilizations in ancient China to be created, continued and developed.

According to historical records, the origins of education in China can be traced back to before the Xia Dynasty. For example, in legend, Fuxi, Shennong, Yellow Emperor, Yao, and Shun all placed a high value on education and taught their people five types of moral education: the fathers should be amicable, the mothers should be affectionate, the older brothers should be friendly, the younger brothers should respect their older brothers, and the children should be filial to their parents. Meanwhile, musical and poetic education continued. For four or five thousand years, the Chinese nation has attached education to a long history. The splendid culture in China's ancient culture not only can be traced to the same origin, lasting for a long time to keep its value, and its connotation is more ample and brilliant than any other ancient culture in the world.

There were innumerable outstanding educators in ancient China, all of whom represented each stage in the evolution of educational practice and thinking, and embodied the spiritual viewpoint of the time. The cultivation of moral character and the establishment of moral manners are valued by ancient Chinese educationists, and their influence is undeniable. They have educated, influenced, and fostered generations of individuals with lofty ideas, promoting the advancement of Chinese society and the prosperity of Chinese culture, and cultivating the spirit and wisdom of our nation throughout China's long history.

Humanism is taught in ancient Chinese education. It considers becoming a man to be the sole objective of education, emphasizing morals and wisdom over sheer information. Education in ancient China placed a premium on moral education and moral cultivation, emphasized integrity, moral fortitude, and a lofty spiritual realm, advocated "determination," emphasized a sense of moral obligation and historical mission, and fostered the spirit of diligence, regardless of success or failure, regardless of safety, honor or dishonor, and adopting the betterment as its obligation and broadminded. China has developed a rich educational tradition over time. Moral education and self-cultivation are central to Confucius and Mencius, Daoism, Buddhism, and Dhyana, as well as Neo-Confucianism in the Song and Ming dynasties. They all focus on instilling awareness and initiative in students, and are adamant about maintaining self-control and introspection, examining themselves, turning over a fresh leaf, sincerely practicing what they preach, influencing subtly, and checking erroneous beliefs at the onset. A range of distinct kinds of moral education and moral cultivation of principles and practices gradually emerged.

Integrated View

The integrated view is, namely, the concept of "great education." Education is a subsystem of the entire social system, as ancient Chinese educators have long acknowledged. Many educational issues are primarily social issues that must be explored and resolved across the entire social system. The answer to educational issues, would invariably encourage the development and progress of the entire society. Confucius, for example, placed a high value on education, citing population, wealth, and education as the three pillars of "building a country." After growing manufacturing and making people wealthy, he believed the most essential thing to do was to "educate people," or establish education. Based on the premise that "family is the basis of the country," he emphasized family ethics and social morality of filial piety, loyalty, and honesty in education, and he recognized the importance of education in managing the country and sustaining social order. The concept of "placing education first in governing the country and the people" and of "personal moral cultivation and social moral level improvement as the foundation for running the country well and providing peace and security to the people" is profound. "On learning" in *The Book of Rites* explains the importance of education in "to construct a country and rule the people, put education and study first," and "to civilize the people by instilling good habits and traditions must begin with education." Education has two purposes: one is to foster all types of abilities that the country needs and the other is to instill good social morality. This is a summary and conclusion of Chinese sages' instructional function, which is still relevant today.

Dialectical Point of View

The dialectical point of view is the view of "unity of opposites." Educators in ancient China emphasized the need for moral education first while also acknowledging the importance of knowledge education. Confucius, for example, stated that "the principle of running a country and being a man is established when a gentleman is fully engaged in essential affairs," and "practice the basic standards of behavior and moral cultivation first, and the remainder of your time shall be spent on learning literature." In ancient China, this was the concept of the unity of morality and intelligence: moral education and its practice comes first, followed by knowledge education; moral education must be carried out through intellectual education, which primarily serves moral education; moral education and intellectual education are interdependent and interpenetrating. Moral education is similar in that there is a synthesis of opposites in the comprehension of moral concepts, the formation of moral beliefs, and the practice of moral activities. "It is earned by wisdom, but magnanimity cannot preserve it, and even if it is gained, it will undoubtedly be lost," said Confucius. That is, if a moral notion remains just in the cognitive stage and is unable to be translated into moral belief and moral behavior, morality will lose its position as a norm. Knowledge and talent also have a conflicting and united relationship. As the Tang Dynasty's historian Liu Zhiji observed, having knowledge without talent is like having a lot of money but not knowing how to manage it; a skillful craftsman who cannot construct a palace without knives, axes, and timber is like a talented craftsman who cannot build a palace without learning. The grand secretary Xu Guangqi of the Ming Dynasty, on the other hand, emphasized the importance of fostering talents, believing that teaching entailed not only imparting ready-made knowledge but also cultivating pupils' critical thinking abilities and teaching them how to master learning methods. Between teaching and learning, as well as between teachers and students, there are both conflicting and unifying relationships. These profound educational dialectics have been presented in works ranging from "On Learning" in *The Book of Rites* to Han Yu's "On Teachers."

Internal View

The internal view emphasizes the inspiration of the subject's internal moral functions and consciousness. Chinese ancient education inspired everyone's inner consciousness, presented a set of ideas, standards, and methods for how to be, and as a result, people enjoyed it and pursued lofty spiritual goals. Ancient Chinese education is not a "guilt education" but rather a "pleasure education," which does not require religious belief or prayers and advocate separating from the society or family, but concentrates on amassing morals and goodness in school, family, and daily life, increasing self-cultivation, looking for a standard of beauty and ugliness, good and evil in one's heart, and pursuing moral "self-discipline." People might value consciousness, such as self-examination, self-reflection, self-cultivation, self-perfection, and self-seeking harmony in the order of human connections and the order of the universe, according to ancient Chinese educational ideas. The search for the source of worth is internal rather than external.

Ancient Chinese education is not rigid and mechanical but is flexible and varied according to people and circumstances. It is not divided into specialized and detailed subjects but is holistic and comprehensive. It is not solely about imparting knowledge and skills but combines moral and intellectual education. It doesn't separate teachers from students or disconnect education from real-life practice, but emphasizes mutual learning between teaching and practice, integrating education into life experiences. Instead of focusing on a systematic body of knowledge, it centers on life itself, aiming to cultivate and develop the spirit and accomplishments of generations of people.

Ⅱ. Ancient Chinese Teaching Thoughts

Ancient Chinese educators amassed and synthesized a wealth of teaching experience and offered various insightful ideas about teaching theories, principles, methods, and teacher requirements. These ideas were not only important thousands of years ago in ancient times, but they are still valuable today, flashing the light of wisdom, full of enlightenment and instructional value.

Teaching Students in Accordance with Their Aptitude

Though in public, one of the traditional excellent Chinese teachings is the inspired enlightenment of instructing students according to their potential. Confucius provided each pupil with an unique quality education by observing and learning from them: "We should look at a person's motivation for words and deeds, observe his path, and examine what he does with ease to understand it." To put it another way, in order to comprehend a person, we must not only observe his words and actions, but also comprehend his inner thoughts. Only in this way will we be able to properly comprehend him. For the students, teachers should not only "listen to their words but also monitor their behavior," and should evaluate the students' private words and deeds after class to require a thorough understanding of the students' characteristics and the current situation. Coufucius knew the characters of the students like the back of his hand, sometimes in terms of their strengths, sometimes in terms of their faults, and sometimes in terms of comparing and contrasting various pupils. When he asked the same question to various students, he would sometimes provide different replies. Confucius also advocated for instructing kids at various intellectual levels: "You can acquaint those above the common lot with higher things, but you cannot acquaint those below the common lot with them."

Mencius inherited and developed Confucius's idea of teaching students according to their aptitude, and he emphasized the need for a change in teaching methods. Zhu Xi praised these ideas of Confucius and Mencius in *Notes to the Four Books*, implying that those legendary masters taught students differently depending on their individual circumstances. Wang Shouren believed that in teaching, attention should be paid to the characteristics of each student's strengths and weaknesses. For example, when treating a disease, medicine should be prescribed according to the specific symptom. Teaching, just like treating an illness, should be tailored to the individual.

Overall, Chinese traditional educators believed that students had unique traits and that everyone had a unique natural endowment, hence teaching methods vary from one person to the next. They opposed straining students' minds with the same teaching style and argued that education should be used to develop each student's unique traits. In terms of teaching methods, ancient Chinese educators placed a premium on inspiration and enlightenment in order to maximize each student's intellectual potential.

Learning the New by Restudying the Old

"Practical applications frequently delightfully assist theoretical acquisitions" is the first sentence in *The Analects of Confucius*. "A guy might be a teacher when he reviews something old and acquires fresh ideas," Confucius stated. Zhu Xi further developed these ideas: "If a person does not learn, he cannot acquire the knowledge he ought to know, and he cannot do the behavior he ought to do. You will not be able to consolidate your familiarity and stable yourself if you do not review or practice at any moment, even if you know the truth and have the skill. Even if the practice is not continuous, just like three days of fishing and two days of drying net, the influence of the review cannot always be received."

According to Zhu Xi, previous knowledge is the foundation for new knowledge, and new knowledge is the exploration of previous information. As a result, regular learning represents the two sides' interaction and contains the meaning of change; it also enables what has been learned to be understood comprehensively, transformed into skills, and applied infinitely. He believed that being a teacher did not qualify him because he could just mechanically repeat previous knowledge and could not draw analogies from inference.

Studying is a process of continual practice, and only through learning and practicing again can we firmly grasp the knowledge we have received, according to this teaching guideline. We can only draw conclusions by analogy by training learned information and gaining a full comprehension of learned knowledge. This informs us what we know in the past so that we can infer what we don't know from known to unknown. This idea of looking back on the past while not abandoning the pursuit of new knowledge is still relevant today.

Paying Equal Attention to Learning and Thinking

When it came to the relationship between learning and thinking, most ancient Chinese educators advocated the combination of learning and thinking, and placed equal emphasis on both of them. Confucius said that learning without thinking led to perplexity, and thinking without learning led to peril. He believed that learning was just as important as thinking, but that learning should be the foundation for thinking and that we must think on the basis of learning. "If a person is not motivated to learn, no matter how wonderful the instructor is, it is impossible to educate him well," said Coufucius. Xunzi adopted Confucius's viewpaint: "I used to meditate all day long, but not as much as a minute of wisdom obtained more." On the basis of learning, Xunzi required one should "think to understand," that is, think deeply to gain a thorough understanding of what has been learned. *The Book of Rites* develops Confucius's thought of paying equal attention to learning and thinking into five learning steps of "erudition, interrogation, careful thinking, discerning and practicing." It affirms the importance of both learning and thinking and emphasizes the important position of thinking. "Interrogation, careful thinking and discerning" are the concretization of thinking activities. A person's intelligence and strength are cultivated in the process of continuous learning and thinking. The decisive factor is his tenacious efforts rather than his talent. Zhu Xi said: "Reading is learning. After reading, think and continue reading to understand the meaning of knowledge." These are those educators' profound experience and incisive summary of dialectics of the relationship between learning and thinking in their academic practice.

Making Steady Progress

The teaching philosophy of making steady progress was held in high regard by ancient Chinese educators. Confucius's followers praised the idea of skillfully leading students through an organized approach. Teaching, according to Mencius, is a natural development process. On the one hand, one should strive unceasingly rather than disconnect or slack up; on the other hand, one should not become impatient. He said: "The gentleman's search for the Dao does not result in success if he does not gradually accumulate and make visible progress." Mencius also claimed that the educational process was a parallel to the natural growing of grain seedlings. On the one hand, he advocated for hard effort and opposed allowing things to wander. On the other hand, he opposed the practice of pulling up the seedlings to help them grow faster and the eagerness to achieve quick success.

In addition, Zhu Xi proposed the teaching concept of "learning to deepen or improve step by step, and to read again and ponder attentively." He insisted that instruction should progress from close to far, from simple to complex, from shallow to deep, from concrete to abstract, and from the known to the unknown. Only by proceeding in an orderly way and making gradual progress, and learning according to one's own ability, can one make steady progress.

Ultimately, ancient Chinese educators knew that accumulating knowledge and intellect was a long process, not something that occured immediately. It was emphasized that instruction should be focused on stage and rhythm sense and that nature should be allowed to take its course in accordance with objective rules.

Developing Students' Strengths and Remedying Their Shortcomings

"On Learning" in *The Book of Rites* proposed the educational thought of developing students' strengths and remedying their shortcomings. According to the book, there are four types of learner flaws that teachers must be aware of: In the learning process, some students are characterized by their eagerness to acquire a large amount of knowledge and their pursuit of getting as much as possible. They have overly miscellaneous knowledge but lack in-depth understanding. Some students are marked by a too narrow scope of knowledge and they cling stubbornly to outmoded ideas. Some students are not dedicated in their studies and merely scratch the surface. Some students are complacent and self-satisfied, and they give up when faced with difficulties. These four categories of issues mirror the various psychological states of students when it comes to learning. Teachers can only help students overcome challenges if they comprehend these psychological states. Teachers must be aware of their surroundings and make the best of them. They should be capable of not only carrying on the advantages of students but also of overcoming their weaknesses.

It can be converted between more and less, easy and difficult, and gain and loss. Wang Fuzhi pointed out in *Annotations on The Book of Rites* that although the situations of being excessive in learning, having limited knowledge, being overly eager to learn, and being easily discouraged each have their own problems, they also contain certain positive elements. Teachers should observe students comprehensively, grasp teaching dialectics, tap, cultivate, and carry forward positive factors, and overcome negative factors with different types of students, that is, developing student's strengths and remedying their shortcomings. It not only contains the meaning of attaching importance to positive education and adroitly guide action according to circumstances but also contains the idea of teaching students according to their aptitude.

Ancient Chinese educational thoughts are full of simple dialectical views. They are good at using the law of contradiction transformation, especially emphasize to see the advantages and positive factors of students, even the secondary and hidden ones, so as to consolidate and develop the positive factors to overcome the negative factors and rely on the advantages to overcome the disadvantages. It should be said that this is the essence of Chinese humanistic education thought.

Teaching Benefits Both Teachers and Students

"On learning" in *The Book of Rites* plainly proposes that teaching is beneficial to both teachers and students: "Only by learning can we recognize our lack of knowledge, and only by teaching others can we recognize that our own mastery is insufficient. Only when we recognize our lack of understanding can we expect of ourselves. Once you admit you don't understand something, you may work hard to learn it. As a result, teaching and learning complement each other, and teaching others can help them learn more." These sentences elucidated the tension between teaching and learning, as well as the interdependence and mutual promotion relationship. Teaching benefits from learning, and learning is improved by teaching. Teaching can improve students' learning, and learning can also promote teaching, which is called "Jiao Xue Xiang Zhang" (teaching benefits both teachers and students). This not only means the unity of opposites between teaching and learning but also means the equal relationship between teachers and students.

From the perspective of the instructor, teaching is also a course of learning; teaching and learning mutually promote each other. Students can gain knowledge from teachers' instruction, but they must also study hard to improve themselves, not just following the teachers' instruction mechanically. Teaching practice is the only way for a teacher who is adept at giving direction to feel the effects and problems of teaching. The more teaching experience a teacher has, the more he/she can sense the laws of teaching and identify his or her own shortcomings and difficulties. "Teaching others enables us to discover our own limitations," as cited in On Learning. Teachers may be encouraged to "better themselves" if they "understand their own limitations." By practicing, a student who is actively engaged in their studies can realize the rewards and problems; the more they learn, the more they feel their knowledge is shallow and insufficient. "It is only through learning that one can be aware of the lack of knowledge." "Lack of knowledge" might cause students to impose more stringent expectations on their own, forcing them to study more in order to compensate for their deficiencies.

Han Yu inherited and promoted the thought of "teaching benefits both teachers and students," and further proposed the idea of "learning from each other." On the one hand, he confirmed the teachers' leading position. On the other hand, he also presented the new thought: "Master doesn't have to be superior to his students. Student doesn't have to be inferior to his master." Han Yu instructed students to learn from those who are good at learning and to establish the concept of "those who are capable are teachers." These profound dialectical teaching thoughts are the outstanding contributions of ancient Chinese educators to the world education thought treasure house.

Teaching by Precept and Example

According to their experiences of educational practice, ancient Chinese educators proposed many requirements to teachers. Teaching by precept and example is an important part of those.

Confucius stated: "If they are upright, even if they do not issue instructions, the common people will implement them; if they are not correct, even if they issue orders, the people will not obey them... How can you make others correct if you cannot mend your own conduct?" The significance of "teaching by example," which entails setting an example and correcting oneself and others, is emphasized. He advocated for using both "teaching with words" and "teaching without words" methods of teaching at the same time, that is, to influence students through suggestion and their daily behavior.

Xunzi believed that teachers must meet four criteria in addition to having wide knowledge: Firstly, teachers should be dignified and able to persuade students. Secondly, teachers should be well-known and have extensive teaching experience. Thirdly, teachers should be equipped with the capability of imparting knowledge in an orderly and systematic way. Fourthly, teachers should understand deep and profound theories and be able to explain them to the students. "On Learning" also puts forward the strict requirements to teachers, considering the teacher's noble moral character and academic progress as the necessary conditions for teaching. Teachers should grasp correct teaching methods and principles.

In the Eastern Jin Dynasty, Yuan Hong said that "it is easy to meet a teacher who simply imparts knowledge, but hard to meet a person who sets a good example for others" in *Houhanji*. Thus, we can see the standards of "the person who set a good example for others" should not only impart knowledge but also be a paragon of virtue and learning, which is excellent educational thought in ancient China.

Respecting Teachers and Cherishing Students

Ancient Chinese educators also advocated that students should respect teachers, and teachers should cherish their students. A good relationship between teachers and students should be established. Confucius cherished students and cared about students' morality and the improvement of their study, and he also concerned about the life and physical condition of his students. When he saw the progress of the students, he would feel sincerely happy for them. He often helped the students from poor families. When the students were ill, he would visit them, and he was very sad when his student passed away. Thus, he developed a deep bond with his students. Confucius also placed unlimited expectations on his students and achieved "selfless and without concealment" in teaching. He also believed that when a righteous case required others to undertake, the young generation should be going ahead, which was an inescapable duty, and should not be humble even in front of their teachers. As is said in *The Analects of Confucius*, one should not hold back from practicing benevolence even in the presence of one's teacher. Confucius's students all admired him for his noble morality, profound knowledge, and effective teaching methods. After Confucius died, students built a thatched hut next to his tomb and kept vigil beside the coffin for three years; when they left, students wept bitterly and could not bear to part with their teacher. Zilu could not bear to leave, and he lived there alone for another three years. These all express the students' infinite remembrance and admiration for Confucius.

In his educational method, Mozi also emphasized respect for instructors and affection for students. In life and death, Mohist teachers and students could rely on one another and share their joys and sorrows. Mozi and his students "never stopped day and night, regarding self-imposed hardship as the ultimate pursuit." Students followed Mozi's advice to "go through fire and water to defy all problems and perils." This relationship between teachers and students was established through thick and thin.

Xunzi brought the issue of "respecting teachers" to the forefront of the nation's ups and downs, arguing that students should take precedence over teachers. He thought that students not only inherited information from their teachers but also had the responsibility to push themselves academically beyond their teachers' wisdom. "Learning has no end; indigo-blue is formed from bluegrass, but it is darker than bluegrass, and ice is made of water, but it is colder than water," he described it in vivid language. That is to say, knowledge is limitless, and the law of academic progress states that "blue originates from the indigo plant but is bluer than the plant itself"—the pupil exceeds the master.

In ancient China, there were countless touching stories about respecting teachers and cherishing students. Cheng Hao of the Song Dynasty, for example, was so kind that students often felt that they were "in the gentle and amiable spring air." Cheng Yi, on the other hand, was dignified and resolute. A student saw him sitting in meditation with his eyes closed and didn't dare to disturb him. So the student stood inside the door and waited until the snow piled up to a depth of several feet. This is the famous story of "Standing in the Snow before Master Cheng's Door." Zhu Xi once criticized the view that the relationship between teachers and students in official schools was indifferent. When teachers and students met each other, they were "as indifferent as strangers on the road." He carried forward Confucius's spirit of "being tireless in teaching others," believing that teachers should patiently and systematically guide students, work diligently without getting tired, and establish a deep emotional bond with their students. Zhu Xi had strict requirements for his students, but instead of taking passive preventive measures, he actively guided them. He didn't attach much importance to formal written regulations, but focused on inspiring students to consciously abide by them. Only by being enthusiastic about teaching and using appropriate methods can the relationship between teachers and students be deepened. These experiences of Zhu Xi concluded universal laws and embodied an excellent tradition of respecting teachers and cherishing students in the history of ancient Chinese education, which is often praised and used for reference by later generations.

Exercises

Ⅰ. Explain the following terms.

1. The classical six arts
2. Taixue
3. Juxiaolian
4. Academy of classical learning
5. Imperial College
6. Imperial examination
7. Paying equal attention to learning and thinking
8. Developing students' strengths and remedying their shortcomings
9. Standing in the Snow before Master Cheng's Door

Ⅱ. Think about the following questions.

1. What are the basic differences between ancient Chinese education and Western educational concepts?

2. What is the modern significance of ancient Chinese teaching thought?

Chapter 5

Ancient Chinese Science

Ⅰ. Traditional Chinese Medicine

Traditional Chinese medicine (TCM), also known as Han Medicine, originated from the Han nationality and is a subject of diagnosis and prevention of human physiology, pathology, and diseases. Traditional Chinese medicine was born in primitive society. In the Spring and Autumn Period and the Warring States Period, its theory had been basically formed. After that, it was continuously summarized and developed in successive dynasties. In addition, it has had a profound influence on countries within the Sinosphere, such as Kampo medicine in Japan, Korean medicine in Republic of Korea, and Dông y in Vietnam, all of which developed based on traditional Chinese medicine. Through long-term medical practice and under the guidance of simple materialism and spontaneous thought of treatment based on syndrome differentiation in ancient times, TCM gradually formed and developed into a set of medical theory systems, which carried the experience and theoretical knowledge of ancient Chinese people in fighting against diseases.

Traditional Chinese medicine has a complete theoretical system, and its unique features are the unity of heaven and man and the corresponding between heaven and man. Traditional Chinese medicine believes that human beings are composed of Yin and Yang, which are a part of nature. Yin and Yang are opposite and interdependent, and they are always moving and changing. In the case of health, the two are in a dynamic balance. Once this dynamic balance is destroyed, people will get sick. In the treatment of diseases (to correct the imbalance between Yin and Yang), traditional Chinese medicine does not adopt the method of looking at problems in an isolated and static way. Instead, it proceeds from the dynamic point of view, emphasizing the concept of "eternal movement." Traditional Chinese medicine believes that man and nature are a unified whole, that is, heaven and man are one and heaven and man correspond. The laws of human life activities and the occurrence of diseases are closely related to various changes in the natural world (such as seasonal climate, regional areas, day and night, morning and evening, etc.). People live in different natural environments and have different degrees of adaptation to the natural environment, so their physical characteristics and the patterns of disease also vary. Therefore, when diagnosing and treating the same disease, traditional Chinese medicine pay more attention to the time, place, and person's conditions, instead of all in the same key. It is believed that the various tissues and organs of the human body are in unity, and they are interconnected and influenced each other both in physiology and pathology. Therefore, traditional Chinese medicine never look at a certain physiological or pathological phenomenon in isolation but handle the treatment and prevention of diseases from a holistic perspective, highlighting the holistic view.

Huangdi Neijing

Huangdi Neijing (*The Yellow's Emperor's Classic of Medicine*), shortened to *Neijing*, is the earliest extant masterpiece of medical theory in China. It has laid a relatively solid and reliable theoretical foundation for traditional Chinese medicine and marks the initial formation of the theoretical system of the traditional Chinese medicine. The traditional basic theories are still grounded in *Neijing*, and clinical practice is also guided by it. As a classic of Chinese traditional culture, *Neijing* is not only a classic traditional Chinese medicine masterpiece but also a profound cultural masterpiece. Taking life as the center, it expounds the interrelation between heaven, earth and human from a macro perspective and discusses and analyzes the most basic proposition of medical science—the law of life. *Neijing* creates a corresponding theoretical system and principles and techniques for preventing and curing diseases, including philosophy, politics, and astronomy. It is an encyclopedia about life issues.

Huangdi Neijing has a great influence on world medicine, especially Eastern medicine, such as the medicine of Japan, Korea, Vietnam, etc. They all considered it a medical classic, a must-read for medicos. Since modern times, this monumental work on medicine has also attracted the attention of Western medical experts, and some of its contents have been translated into Japanese, English, German, French, and so on. The meridian theory and acupuncture therapy in the book provide important clues and a basis for exploring the unknown field of the human body. As the foundation of Chinese medicine, *Huangdi Neijing* has become the common medical experience of people worldwide.

Shennong Bencao Jing

Shennong Bencao Jing (*The Divine Farmer's Classic Material Medica*), also known as *Bencao Jing*, was written between the 1st and 2nd centuries CE. In traditional Chinese medicine, "Bencao" means herbal medicine.

In *Shennong Bencao Jing*, a total of 365 kinds of TCM medicines are recorded. The book was the first to classify the medicines and preliminarily summarized some basic theories of pharmacology, such as the usage of a single medicine and coordination of main and auxiliary drugs in compound prescription, and briefly recorded the producing area, alias, form, medicinal properties, and therapeutic functions of drugs.

Shennong Bencao Jing has important value in the history of medicine. Over 1,000 years, many TCM works are based on this book. The book has played an important foundational role in the development of TCM.

Bencao Gangmu

Bencao Gangmu, or *Compendium of Materia Medica*, is a medical masterpiece compiled by Li Shizhen, a great medical scientist in the Ming Dynasty. Charles Darwin, the British founder of the Theory of Evolution, praised *Bencao Gangmu* as the encyclopedia of ancient China, which shows its profound influence both in China and worldwide.

Li Shizhen began to compile *Bencao Gangmu* around 1552. He read a lot of medical literature, investigated the collection and preparation of medicinal substances in various ways, and combined his experience in treating others. After that, he conducted experiments, analyzed and studied them, wrote drafts and revised the drafts repeatedly. From the prime of life to old age, He took nearly 30 years to finally compile and complete *Bencao Gangmu* in 1578, the monumental work in the history of Chinese medicine. Li Shizhen created the world's most advanced drug classification system, which clearly divided the included drugs into 16 parts. Linné, a famous Swedish plant taxonomist, put forward a similar classification in 1741, which was more than 100 years later than him.

After the print and publishing of *Bencao Gangmu*, it has attracted widespread attention at home and abroad. The book was introduced to Japan in the early 17th century and then translated into Latin, French, German, English, Russian, etc. , making it the most widely translated medical works in foreign languages in China. In the early development of modern natural science, it occupied a high position in the history of world science and had a certain influence on the pharmacology, botany, mineralogy and chemistry of the European continent at that time.

Traditional Chinese Herbal Medicine and Anesthesia

Traditional Chinese medicine anesthesia is to utilize the anesthetic effect of traditional Chinese medicine to eliminate the patient's sensations. There are many records about the use of anesthetics in ancient Chinese medicine literature, among which Mafeisan is the most influential.

In the early days of human society, people gradually realized in the search for food that after eating some plants, the pain of traumatic diseases has eased or even disappeared. These plants or herbals with pain relief are used as analgesics and anesthetics. The anesthetic effects of some drugs have been recorded in *Shennong Bencao Jing*. At the end of the Han Dynasty, Hua Tuo had already used Mafeisan in major abdominal surgery. In *Book of Later Han* and *Records of the Three Kingdoms*, there are recorded medical cases in which Hua Tuo used Mafeisan to perform surgical operations on patients and achieved amazing results.

Hua Tuo also pioneered the general anesthesia of taking Mafeisan in wine, which is not only unprecedented in the history of Chinese medicine, but also has a great influence on the world history of anesthesiology and surgery. Later generations honored Hua Tuo as a surgical ancestor.

Look, Listen, Question, and Feel the Pulse

There are four diagnostic methods—"look," "listen," "question," and "feel the pulse"—known as the four ways of diagnosis. "Look" means to look at one's complexion; "listen" refers to the sound of the patient's breathing; "question" means to inquire about symptoms; "feel the pulse"means to take the pulse with hands. The four diagnoses means that doctors use sensory functions such as vision, hearing, smelling, and touching and talking with the patient or the person in the know to comprehensively understand and systematically grasp the various information related to the disease so as to guide the clinical treatment of diagnosis. Each of the four diagnostic methods has its own unique role, and can not be replaced by each other. In clinical practice, the four diagnostic methods must be integrated to make a correct judgment of the disease.

Acupuncture and Tuina

Acupuncture is an important part of traditional Chinese medicine. Like traditional Chinese herbal medicine and Tuina, it has a long history and is still widely used all over the world. It includes two specific operation methods: needling and moxibustion. Needling refers to inserting the needles (filiform needles) into the body of patients with a certain angle, twist and lift to stimulate specific parts of the body under the guidance of the theory of traditional Chinese medicine, so as to treat diseases. The point of penetration is called acupoint. Moxibustion is to fumigate some acupoints on the body surface with prefabricated moxa cones or moxa grass, and use heat to prevent and treat diseases. Moxa grass is the most commonly used, so this therapy is called moxibustion.

Tuina refers to the continuous finger-pressing method to treat diseases on human skin and muscle. This method is also called massage therapy. Tuina is a kind of health preservation for curing and preventing diseases which has a very early origin in China. The use of massage to cure diseases existed before the emergence of Chinese herbal decoction. Tuina has a long history for thousands of years. Tuina therapy can make the meridians unblocked and balance Yin and Yang, so as to restore or maintain health. Tuina techniques are varied, but in application, it requires rhythm, comfort, lightness, and strength to reach the lesion site. Tuina therapy is applicable to people of all ages, such as the elderly, young people, children and women. Moreover, it has few side effects and wide application, which can be used as a universal self-care method.

Ⅱ. Astronomy and Calendars

The Ancient Chinese View of the Universe

Ancient Chinese people regarded the universe as a whole to explore the earth in which we live, that is, the relationship between heaven and earth, which is called the theory of cosmic structure. In ancient China, there were main three kinds of celestial theories: the theory of canopy-heaven, the theory of sphere-heaven, and the theory of expounding appearance in the night sky.

The theory of canopy-heaven appeared at the end of the Shang Dynasty and the beginning of the Zhou Dynasty. Its main point is that heaven is above, like a large hemispherical cover, and the ground is below. During the Southern and Northern Dynasties, the Xianbei folk song "Chile Song" contains the lyrics "the sky is like a dome tent, vast, covering the field," which is a visualization of the theory of canopy-heaven.

The theory of sphere-heaven holds that the heaven is a complete sphere, and the Earth floats within it. Zhang Heng, an astronomer of the Han Dynasty, wrote in his book *Annotations to Huntian Meter*: "The celestial sphere is like an egg. The celestial body is as round as a pellet, and the Earth is like the yolk in the egg, standing alone inside the celestial sphere. The celestial sphere is large while the Earth is small. There is water both on the surface and inside of the celestial sphere. The celestial sphere encompasses the Earth, just like the eggshell wrapping the yolk ... The rotation of the celestial sphere is like the movement of the hub of a cartwheel, revolving without end. Its shape is round and complete, so it is called the theory of the sphere-heaven."

The theory of expounding appearance in the night sky believes that heaven is an infinite amount of gas, and the sun, moon and stars are floating among them. This kind of thinking is consistent with many conclusions of modern astronomy. In terms of scientific laws, it is more advanced than the theory of canopy-heaven and the theory of sphere-heaven.

Shoushi Calendar

Guo Shoujing in the Yuan Dynasty believed that the calendar must be based on actual measurement, and that observation must have advanced instruments. In order to collect accurate astronomical data for the new calendar, Guo Shoujing simplified the traditional Chinese observatory instrument, the armillary sphere, carefully designed and created a set of world-famous astronomical instruments. With these instruments, he made a geodetic work, and on this basis compiled the most excellent star catalog in Chinese history.

At the same time, based on the results of the tests, Guo Shoujing referred to a plenty of astronomical data and over multiple calendars. According to the natural laws of the sun, the moon and the five elements (metal, wood, water, fire and earth) moving in space, he compiled the "Shoushi calendar" in 1280, which represents the highest achievement of traditional Chinese ancient calendars. In the Shoushi calendar, the length of a tropical year is 365.2425 days, which has a difference of only about 26 seconds from the actual time of the Earth's revolution around the sun as observed in modern times. Its precision is comparable to the cycle of the Gregorian calendar, but the Gregorian calendar was not used until 1582, more than 300 years later than Guo Shoujing's Shoushi calendar.

The Shoushi calendar is the most outstanding in ancient China and the one with the longest usage time. From its promulgate in the Yuan Dynasty to the early Qing Dynasty, the calendar in use was actually the Shoushi calendar, with only a change in its name.

Twenty-Four Solar Terms

Twenty-four solar terms are an important part of the ancient Chinese calendar. According to the changing position of the sun in a year and the changing order of ground climate caused by it, the ancient Chinese people divided the days of a year into 24 periods, which were divided into 12 months to reflect the four seasons, temperature, phenology, etc. The names and order of the twenty-four solar terms are: Beginning of Spring, Rain Water, Waking of Insects, Spring Equinox, Pure Brightness, Grain Rain, Beginning of Summer, Grain Full, Grain in Ear, Summer Solstice, Slight Heat, Great Heat, Beginning of Autumn, Limit of Heat, White Dew, Autumnal Equinox, Cold Dew, Frost's Descent, Beginning of Winter, Slight Snow, Great Snow, Winter Solstice, Slight Cold, Great Cold.

The 24 solar terms actually divide the annual movement of the sun into 24 equal parts, and each equal part is a soler term. Every two adjacent solar terms are approximately 15 days apart.

Beginning of Spring, Beginning of Summer, Beginning of Autumn and Beginning of Winter respectively indicate the beginning of four seasons. In the Gregorian calendar, they're usually around February 4, May 5, August 7 and November 7 every year respectively.

Summer Solstice and Winter Solstice mean that summer and winter are coming. In the Gregorian calendar, the dates are around June 21 and December 22 of each year.

Spring Equinox and Autumn Equinox indicate that the length of day and night is equal. Generally they're around March 20 and September 23 of the Gregorian calendar.

Rain Water is around February 18 of each year in the Gregorian calendar, indicating the beginning of precipitation and the gradual increase of rainfall.

Waking of Insects means that the spring thunder awakens the hibernating insects in the soil. At this time, the temperature picked up quickly and gradually began to thunder. In the Gregorian calendar, it's around March 5 every year.

Pure Brightness means fine weather and fresh air. It's about April 5th of the Gregorian calendar.

Grain Rain means more rain, which is conducive to the growth of cereal crops. It's around April 20 of the Gregorian calendar.

Grain Full, which means that the grain of summer crops begins to be full, but it is not yet mature. It is approximately on May 21st of the Gregorian calendar.

Grain in Ear refers to the maturity of awned crops such as wheat and the beginning of summer seed, around the 5th of June of the Gregorian calendar every year.

The "Heat" in Slight Heat, Great Heat and Limit of Heat means hot weather. In the Slight Heat, the weather is not the hottest. In the Great Heat, it is scorching. Heating days will soon be over on Limit of Heat. They are around July 7, July 23 and August 23 of the Gregorian calendar respectively.

When White Dew comes, the temperature begins to drop and the weather turns cool, with dew on the plants in the morning. It is around September 7 in the Gregorian calendar.

Around October 8 of the Gregorian calendar is Cold Dew. The temperature is lower than before. Dew appears more often in the air.

Frost's Descent means that the weather gets colder and begins to frost, which is around October 23 of the Gregorian calendar.

Slight Snow and Great Snow express that it begins to snow. "Slight" and "Great" indicate the degree of snow. Slight Snow is around November 22 and Great Snow December 7.

Slight Cold and Great Cold mean the weather gets colder. Slight Cold is around January 5, and Great Cold is the coldest time of the year, which is around January 20.

Ⅲ. Mathematics

Mathematics is the foundation of all science and technology, known as the king of science. With extraordinary diligence and wisdom, the ancient Chinese people worked hard in the kingdom of mathematics and created world-class research results.

Decimal and Positional Number System

In the field of mathematics, the decimal value system can be seen as the first contribution of ancient Chinese to the world. In the oracle bone inscriptions of the Shang Dynasty, numbers such as one, two, three, four, five, six, seven, eight, nine, ten, hundred, thousand and ten thousand were used for counting, and the decimal and positional number system was adopted. This counting method is not different from the popular Arabic numerals except for the symbols. Before the 12th century, Europeans used the Roman method of summation, which was not easy to express the thought process and was very difficult to perform addition and subtraction operations. Although the ancient Babylonians and the Mayans in Central America used the positional numeral system, the Babylonians used the hexadecimal system and the Mayans used the duo decimal system. It was not until the end of the 6th century that India began to use the decimal system, and it was probably influenced by China. The English scholar, Needham pointed out that the numeral system of India, as it came to be known to Westerners, had existed in China for two thousand years. Without this decimal system, there would hardly be a unified scientific world.

Nine Chapters on the Mathematical Art and Mathematics in Wei, Jin, and the Southern and Northern Dynasties

Nine Chapters on the Mathematics Art, completed around the first century, had a very profound influence on ancient Chinese mathematics, just like Euclid's *Elements of Geometry*. The book has nine chapters, including a total of 246 mathematical problems. The various algorithms and laws recorded in the book offer the methods for many long-term problems that could not be satisfactorily solved in ancient world. *Nine Chapters on the Mathematical Art* is a comprehensive historical work. Its appearance indicates that ancient Chinese mathematics has formed a complete system. The book not only plays an important role in the history of mathematics in China but also greatly influences the development of mathematics in other countries in the world. In the early Arabic and European mathematical works, surplus and deficiency are called Chinese algorithms.

During Wei, Jin, and the Southern and Northern Dynasties, Liu Hui and Zu Chongzhi became the leading figures in the field of mathematics. Liu Hui proposed the limit thought for the first time, and invented the cyclotomic technique. He calculated the value of pi as 3. 1416 based on a 192-sided polygon inscribed in circumference. He pointed out that as the number of the regular polygon inscribed in a circle increased infinitely, its circumference would approach the circumference of the circle more closely. Zu Chongzhi studied natural science all his life, and his main contributions were mathematics, astronomy and calendar, and machinery manufacturing. Based on Liu Hui's exploration of the method of pi, he actualized pi to the seventh decimal place for the first time, that is, between 3. 1415926 and 3. 1415927. His "Zu's Ratio" has a significant contribution to mathematics. It was not until the 16th century that Al-Kashi, an Arab mathematician, broke the record.

Arithmetic in the Song and Yuan Dynasties

The Song and Yuan dynasties were a period of high development of ancient Chinese mathematics, during which a large number of outstanding mathematicians emerged and made many world-leading contributions. In the first half of the 11th century, Jia Xian put forward the binomial theorem coefficient table (Jia Xian triangle) with index as positive integer in *Algorithm Draft of Yellow Emperor's Nine Chapters*, which can solve the equation of any higher degree. In 1247, in *Mathematical Treatise in Nine Sections*, Qin Jiushao put forward the solutions of first-order congruence and the positive root method of higher-order equation, which were far ahead of the world. *Sea Mirror of the Circle Measurements*, written by Li Ye at the turn of the Jin and Yuan dynasties, is also a stunning work. It systematically discussed Tianyuan Method (unvariate polynomial equation of higher degree), which preceded the related research in Europe by nearly three centuries. In the Yuan Dynasty, Zhu Shijie further popularized Tianyuan Method, created quaternion (quaternion system of higher order equations) in *Jade Mirror of the Four Elements*, and put forward the elimination method which is basically consistent with modern times. Zhu Shijie, together with Qin Jiushao, Li Ye, and Yang Hui, is collectively known as the Four Great Mathematicians of the Song and Yuan dynasties.

Ⅳ. Ancient Chinese Technology

Four Great Inventions of Ancient China

Four Great Inventions of Ancient China are famous all over the world. Compass, paper making, gunpowder and printing were great technological achievements that the Chinese nation dedicated to the world, which altered the historical course of the human beings. They reflected and represented the brilliance and prosperity of the ancient Chinese civilization.

• Gunpowder

During the Shang and Zhou dynasties, charcoal was widely used in metallurgy practice and the properties of saltpeter and sulfur were recognized during the Spring and Autumn Period and Warring States Period. As early as in the Tang Dynasty, there were records of gun powder. Sun Simiao, a famous medical scientist in the early Tang Dynasty, and Qing Xuzi, an alchemist in the middle Tang Dynasty, both consciously controlled the violent combustion of the mixture of nitrate, sulfur and carbon.

After the invention of gunpowder, it was first used in the military. In the history of weapons, the use of gunpowder is a great revolution which shows unprecedented power in war. Gunpowder weapons directly promote the research and mass production of it. At the end of the Northern Song Dynasty, in the anti-Jin war, the Song army further transformed the burning firearm into an explosive firearm and created the Thunderbolt gun. In the Southern Song Dynasty, a tubular firearm—the fire lance—emerged, which was the early form of modern guns and cannons. Starting from the Yuan Dynasty, the copper or iron was used to forge barrel cannons, which were called fire blunderbuss because of their great power.

• Compass

Compass is a great invention which can transform the earth's magnetism imperceptible to human beings into visible. The invention of the compass can be traced back to the Warring States Period, and it was called Sinan at that time. Wang Chong, a scholar of the Eastern Han Dynasty, said that Sinan was made of natural magnetite. It was shaped like a spoon with a round bottom. If it was placed on a smooth chassis, the handle of the spoon would automatically turn to the south. This is the earliest compass in the world.

After that, starting from the initial simple form of Sinan, which used magnetite to indicate the north and south directions, the compass has undergone continuous improvements and developments. Gradually, elements such as orientation scales, markings of heavenly stems and earthly branches, and more stable supporting devices were added. Eventually, it evolved into a compass that can determine directions more precisely, provide more directional information, and is widely applied in fields such as navigation. In the navigation industry, the appearance of the compass has epoch-making significance. By the Yuan Dynasty, navigation had been completely guided by the compass. In the Song Dynasty, China's maritime industry was highly advanced. Chinese merchant ships were extremely active in the regions of the South China Sea, the Indian Ocean, and the Persian Gulf. Soon after, the Arabs learned to use the compass to navigate from the Chinese. The compass was introduced into Europe from Arabia around 1180, promoting the development of world history.

• Paper Making

The invention of paper is a revolution of the character carrier. Before the appearance of vegetal fibrous paper, people could only use various primitive and heavy writing materials to communicate or disseminate knowledge in writing. For example, the Sumerians wrote on the mud board; the Chaldeans used brick carvings; the Babylonians used stone carvings; the ancient Romans wrote on the bronze board; the ancient Egyptians used paper grass; the ancient Indians used pattra leaves; the Paigamans used sheepskin. In China, people in the Shang Dynasty used tortoise shells, animal bones or brass. In the Warring States, Qin and Han, bamboo, wood, and silk were used as writing materials. Some of these materials are not hard enough, some are too bulky, or too expensive. In a word, these are not ideal writing materials.

The hemp paper of the early Western Han Dynasty, unearthed in Baqiao, Xi'an in 1957, is the earliest existing vegetal fibrous paper in the world. It can be seen that paper making was invented in China as early as the 2nd century BCE. In 105 CE, Cai Lun, a eunuch of the Eastern Han Dynasty, greatly revolutionized paper making. Using bark, hemp head, rag and fishing net as raw materials, he not only expanded the source of raw materials for paper making and reduced the cost, but also greatly improved the quality of paper. This kind of paper was called "Cai Hou paper." It was not easy to be damaged, cheap soft and easy to preserve. Therefore, the use of paper has been rapidly popularized, and later generations also recognized Cai Lun as the inventor of paper.

Chinese paper making technology was introduced into Vietnam around the 3rd century, Korea in the 4th century, Japan in the 5th century, India in the 7th century, from Central Asia into the Arab world in the 8th century, then reached Syria, Egypt and Morocco. It was introduced to Europe in the 12th century. In 1150, Spain established the first European paper mill, which was more than 1,000 years away from Cai Lun. Since then, France, Italy, Germany, the Netherlands, Britain, Russia, the United States and other countries have also successively established paper making factories, and China's paper making technology has finally spread all over the world.

Paper making is an important achievement of ancient Chinese technology, which provides an indispensable means of information storage and transmission for human cultural communication, ideological exchange and scientific development.

• Printing

The emergence of paper has brought books in the modern sense. However, for a long time, books were copied manually. If a book was to be made 100 copies, it would be copied 100 times by hand. For voluminous works, it would take several years or even longer to copy them out. During the process of mutual copying, mistakes such as copying errors and omissions often occurred. This greatly restricted the function of books in disseminating information.

Printing opened a new era in the history of books. In the Jin Dynasty, people invented the ink rubbing technology by drawing on the experience of ancient seals and stone carvings. On the basis of ink rubbing, people in the Sui Dynasty invented the real printing technology—woodblock printing. The Vajra Sutra features thick even and clearly visible ink, which shows that the printing technology at that time reached a high proficiency. This treasure has been preserved to this day. It is the earliest printed matter with a definite date in the world. Woodblock printing technology in the Song Dynasty is more consummate. After the Song Dynasty, copper plate printing and more complicated and highly precise color overprint technology appeared. Combining this kind of overprint technology and the engraving technology, the exquisite multi-color prints could be produced. Many excellent prints in the Ming and Qing dynasties have become world art treasures.

With the rapid growth of printing demand, the shortcomings of woodblocks printing are also revealed. It is not only laborious but also time-consuming to print a book once. Thus, in the Song Dynasty when block printing was in its heyday, a common man named Bi Sheng finally invented movable-type printing between 1041 and 1048: individual charaters are carved on clay, fired until hard, and then assembled into a printing form for printing. This invention was another important technical revolution in the history of printing, which greatly saved manpower and shortened the publishing cycle. It could be said that this printing technology was convenient and economical. Following the clay type, wood type, tin type, and copper type appeared in the Yuan Dynasty, and wheel typesetting frame was invented by the argronomist Wang Zhen, which not only enhanced the workpiece ratio of typesetting but also mitigated the physical consumption of the workers. Tin type and copper type in the Yuan Dynasty are the world's oldest metal type. In the Ming Dynasty, the lead morable type printing emerged.

Around the 14th century, Chinese movable-type printing passed on to Korea and Japan and to Europe in the 15th century. The Bible, published in 1456 in Gutenberg, Germany, is the first significant work printed in movable-type by Europeans, but it is more than 400 years later than Bi Sheng. Thereafter, woodblock and movable type printing have become popular in Europe. In 1460, the first printing plant in Europe was established in Italy. Since then, printing houses in Europe sprang up like mushrooms. In Europe, printing fundamentally changed the socio-cultural environment and provideded solid support for the religious reform and Renaissance at that time, so that modern science rose rapidly in medieval Europe. Moreover, printing played a huge role in promoting the rise of the bourgeoisie and dissemination of ideology and culture.

Agricultural Technology

China has a long history of agricultural production. During the long period of farming practice, ancient Chinese agriculture developed the fine tradition of intensive and meticulous farming. Under this tradition, the agronomists in the past dynasties have conducted in-depth research on fertilization, farming, and field management and achieved remarkable results. Agricultural machinery manufacturing and water conservancy projects are closely linked to agricultural development. In ancient China, agricultural machinery manufacturing technology was quite advanced. In the primitive society, Lei and hoe appeared. During the Spring and Autumn Period, the windlass, a water-lifting irrigation tool, came into being. In the Warring States Period, ox-drawn plowing and iron plows were used. In the Eastern Han Dynasty, a quite advanced irrigation machine, the keel water wheel were invented. Henceforth, along with the enhancement of production technology, farm tools have been improved. In the Song and Yuan dynasties, the manufacturing of agricultural implements was in the leading position in the world.

Ancient Chinese water conservancy projects also occupy an extremely important position in the world. Quebei Water Conservancy project, built around 597 BCE, is the earliest large-scale embankment water storage irrigation project in China. Dujiangyan Irrigation system was built in the 3rd century BCE with three functions of flood control, irrigation and shipping. After the completion of the project, the Chengdu Plain has become a fertile land and is known as the land of abundance. After the Qin and Han dynasties, various water conservancy projects were built in various places in accordance with local conditions, which promoted the development of agriculture.

With the development of agriculture, agronomic works have become increasingly abundant, among which *Qimin Yaoshu* (*Essential Techniques for the*

Welfare of the People) and *Nongzheng Quanshu* (*Agricultural Administration Encyclopedia*) are extremely important. *Qimin Yaoshu*, written by Jia Sixie of the Northern Wei Dynasty, consists of 10 volumes. It focuses on the technical knowledge of agriculture, forestry, animal husbandry, sideline production and fishery. In this book, some knowledge about agriculture and biology has held the leading position in the world for more than a thousand years.

Nongzheng Quanshu was written by Xu Guangqi in the Ming Dynasty, with a total of 60 volumes, including agricultural base, field system, water conservancy, agricultural implements, time, reclamation, cultivation, silkworm breeding, animal husbandry, brewing, and famine preparation. It absorbs some advanced Western agricultural knowledge, advocates planting exotic crops, and breaks the theory of unsuitability to local conditions and customs.

Other Technologies

• Procelain Making

China is known as the country of porcelain. As early as the Shang and Zhou dynasties, proto-celadon emerged. In the Tang Dynasty, the production and utilization of procelain were more prevalent: Yue kiln was famous for producing celadon; Xing kiln was famous for firing ceramic whiteware. The porcelain industry in the Song Dynasty tended to be more and more complete. There were five famous kilns during this period, namely, Official Kiln, Jun Kiln, Ge Kiln, Ding Kiln and Ru Kiln. The porcelains burned in these kilns were all superior. During the Ming and Qing dynasties, Jingdezhen in the south of the Yangtze River became the center of porcelain manufacturing in China.

• Shipbuilding

In the field of shipbuilding, as early as the Neolithic age, people already knew how to make rafts out of tree trunks. After the Qin and Han dynasties, China's shipbuilding industry gradually matured. During the Qin and Han dynasties, shipbuilding technology was very advanced and various types of ships appeared. For example, the building ship in the Han Dynasty had been put to extensive use, with a deck of up to three layers. In the Song and Yuan dynasties, the shipbuilding industry was at the forefront of the world, both in shipbuilding technology and in the number of ships. The shipbuilding industry reached its peak in the Ming Dynasty. At that time, there were many large-scale shipbuilding factories. In the Ming Dynasty, Zheng He went to the West Ocean seven times and reached the farthest east coast of Africa. The ship he was on board was of extremely high quality. However, from the late Ming Dynasty to the Qing Dynasty, the imperial court adopted the policy of isolationism and issued the maritime prohibtion orders several times, which greatly affected the shipbuilding industry.

• Textiles

Textiles industry in ancient China was extremely prosperous, especially represented by the silk weaving industry. Ancient China was called the Silk Country in the West. A plain silk unlined garment unearthed from the Mawangdui Han Tomb in Changsha is 128 cm long, but only weight 49 grams, which fully demonstrates the superb textile technology at that time. After Zhang Qian's diplomatic missions to the Western Regions, Chinese silk then made its way to the world, astonishing people everywhere. Since then, China's silk weaving industry has been developed in successive dynasties, with its craftsmanship continuously improved and the variety of products becoming increasingly rich.

In terms of textile machinery, the spinning whorl appeared during the primitive society period. In the Western Han Dynasty, the hand-cranked spinning wheel began to take shape, and the jacquard loom also took on an initial scale. In the Song Dynasty, the water-driven large spinning wheel emerged. In the Yuan Dynasty, Huang Daopo improved the old spinning wheel, which greatly enhanced the textile efficiency. During the Song and Yuan dynasties, the textile machine had evolved into a multi-spindle structure, taking a leading position in the world at that time.

• Smelting

Ancient Chinese smelting technology started in the Shang Dynasty, when people mastered the method of distinguishing the purity of bronze according to the color of the flame, and the bronze casting technology was very developed. Cast iron smelting technology had been used in the Spring and Autumn period and the Warring States Period, and the number of iron tools increased day by day. Then came the steel-making. In ancient times, the "hundreds refinements steelmaking" method was mainly adopted in steelmaking. That is to say, during the refining process, many thin iron sheets were repeatedly heated, folded, and forged to make steel. Around the end of the Eastern Han Dynasty, the crucible steelmaking technique emerged. This technique involved smelting molten pig iron and wrought iron together to produce high-quality steel, which was the most advanced steelmaking technology at that time.

Casting technology occupied an important position in ancient smelting technology. Ancient casting technologies mainly include the clay mold casting, the iron mold casting and the investment casting, and one of the most sophisticated is the investment casting method. The smelting tools and equipment combined with the smelting process were also continuously improved. During the Spring and Autumn Period, people had already started to use shaft furnaces for copper smelting and blast furnaces for iron smelting. In the Eastern Han Dynasty, the Shuipai (water-powered blowing device) that utilized water power for blowing air emerged. During the Song and Ming dynasties, wooden fans with flap valves and piston-type wooden bellows appeared. These pieces of equipment were all at the forefront in the world at that time.

Exercises

Ⅰ. Explain the following terms.

1. *Shennong Bencao Jing*
2. *Huangdi Neijing*
3. Four consultations
4. *Nine Chapters on the Mathematic Art*
5. Five Great Kilns in the Song Dynasty

6. *Qimin Yaoshu*

7. Dujiangyan Irrigation System

Ⅱ. Think about the following questions.

1. How can we treat the holistic view of traditional Chinese medicine?

2. What is the significance of the Four Great Inventions in the world history?

Chapter 6

Ancient Chinese Literature

Ancient Chinese literature is one of the most time-honored and illustrious parts of world literary history. Since the Pre-Qin period, the creation of ancient Chinese literature has always been advocated by successive rulers for its social function of "conveying the way through literature." Because of this, in the development process spanning over 3,000 years, ancient Chinese literature has continuously produced literary forms that "each generation has its own merits." In poetry, prose, prose-poetry, novels, and drama, it has accumulated an extremely rich cultural heritage that attracts worldwide attention. This heritage profoundly and vividly embodies the essential spirit of Chinese culture.

Ⅰ. The Foundation Period of Ancient Chinese Literature

Ancient Chinese literature was formulated in Pre-Qin era, at which *Shijing* (*Book of Songs*) and *Chuci* (*Verses of Chu*) appeared as the origins of ancient Chinese literature and the pioneers of realism and romanticism in Chinese literary creation techniques. The literary creation traditions of realism and romanticism, represented by *Shijing* and *Chuci*, have a profound influence on the future development of Chinese literature.

Shijing

Shijing is the oldest existing collection of Chinese poetry, comprising 305 works dating from the early period in the Western Zhou to the middle of the Spring and Autumn period. Its content is divided into three parts: Feng (folk songs from principalities), Ya (imperial court songs) and Song (singing in ancestral worship). The picture of social life is reflected by more than three hundreds of songs from different perspectives.

Chuci

Chuci appeared as another milestone work of ancient poetry around 300 years after *Shijing*. If *Shijing* reflects the rich and colorful social life in a realistic style, then *Chuci* expresses the poets' thoughts and emotions in a romantic style. *Chuci* is attributed mainly to Qu Yuan with "Lisao" ("The Lament"), "Tianwen" ("Heavenly Questions"), *Jiuzhang* (*Nine Pieces*), and *Jiuge* (*Nine Songs*) as its most famous sections. Qu Yuan had a noble and unsullied aspiration. His works tenaciously show his pursuit of good ideals. Moreover, the romanticism metonymy, symbolism and other techniques he adopted have become the model for the literature creation of later ages.

Prose in the Pre-Qin Period

During the more than 300 years from *Shijing* to *Chuci*, it was a time when Pre-Qin culture was extremely vibrant. In this period, prose works emerged with diverse and splendid features. Prose in the Pre-Qin period mainly includes the philosophical prose of the Hundred Schools of Thought and the historical prose. Although the philosophical prose is to pursue the practical effect of reasoning and narration, the artistry in them such as the plenty of analogy and association and the artful arrangement of refrain and parallelism can not be ignored. The early prose of Pre-Qin with *The Analects of Confucius* and *Mozi* as its representatives was mainly written in quotation style featuring simple reasoning, concise language and natural and lucid writing. While the later prose of a hundred schools of thought represented by *Mencius*, *Zhuangzi*, *and Han Feizi* no longer adopted the form of quotation, instead, such works are characterized by showing the authors' thoughts and artistic style through dialogic argumentative essays or special subject dissertations. Passages in *Zhuangzi* described as free and transcendent are full of weird artistic images and romance, becoming a unique characteristic among the Pre-Qin prose. The articles in *Xunzi* are particularly outstanding in argumentation, clarifying principles and reasons by extensively citing various sources. Apart from being incisive and deep, essays in Han Feizi are also good at reasoning through Chinese fables like "Zi Xiang Mao Dun" (self-contradictory) and "Shou Zhu Dai Tu" (wait idly for a reward), which all marks the maturity of the prose creation in the Pre-Qin era.

In addition, the historical prose in the Pre-Qin period also achieved remarkable accomplishments. If the early works *Shangshu* (*The Book of Documents*) and *Chunqiu* (*The Spring and Autumn Annals*) are regarded as the origin of historical prose, then, as the ancient people's understanding of history gradually deepened and their writing techniques increasingly improved, the creation of historical prose represented by *Zuozhuan* (*Zuo's Commentary on The Spring and Autumn Annals*), *Guoyu* (*Discourses of the States*), and *Zhanguoce* (*Strategies of the Warring States*) had initially taken shape during the Pre-Qin period.

It is the pioneering achievement based on the poetry and prose of the Pre-Qin era that we could call the Pre-Qin literature the first glorious page on ancient Chinese literary history. The literature in the Pre-Qin era has laid a solid foundation for the development of later literature.

Ⅱ. The Development Period of Ancient Chinese Literature

Hanfu and Tang Poetry are the primary accomplishments of the development period of ancient Chinese literature, a period from the Qin Dynasty to the middle period in the Tang Dynasty.

Hanfu

In 221 BCE, Ying Zheng, the King of Qin, unified China, which opened a new chapter in Chinese history. However, the Qin Dynasty existed for a relatively short time, and its literary achievements were not remarkable. After the establishment of the Han Dynasty, a series of cultural policies that were more lenient compared to those of the Qin Dynasty were adopted and new vitality was injected into literary creation. Hanfu, a new form of literature emerged in this period.

Hanfu is a literary form that lies between poetry and prose. It is a kind of rhymed prose that praises extravagantly. Sima Xiangru was the representative writer who composed "Fu of Sir Vacuous" and "Fu on the Imperial Park," making Hanfu a dominant literary form in literacy circles of the Han Dynasty. After Sima Xiangru, many important Fu writers appeared such as Yang Xiong, Ban Gu, Zhang Heng, Cai Yong and so on.

In addition to Fu, prose of the Han Dynasty also made new achievements, of which Sima Qian's *Shiji* (*Records of the Grand Historian of China*) is the highest one. *Shiji* is more than about 520,000 Chinese characters long and documented a 3,000-year period from the age of the legendary Yellow Emperor to the reign of Emperor Wu of Han. The work is a pioneering example of biographical history and literature dubbed "a peerless mesterpiece among historical works, and 'Lisao' without rhyme" by Lu Xun.

Yuefu Folk Songs and Poetry Composed of Five-Character Lines

Yuefu folk songs and poetry composed of five-character lines are the representative new achievements of the poetry in the Han Dynasty. "Peacock Flying Southeast," the famous work of Yuefu in the Han Dynasty, is the first long narrative poem in ancient China, and it is about 1,700 Chinese characters long. The poetry composed of five-character lines foreshadows the poetry creation of the "Three Caos" (Cao Cao, Cao Pi and Cao Zhi) in the Wei and Jin dynasties and "seven scholars of Jian'an." The fields and gardens poetry of Tao Yuanming is not only the highest achievement for the poetry composed of five-character lines in the Wei and Jin dynasties but also breaks new ground for classical poetry. It was from him that the fields and gardens poetry developed continuously, which led to the formation of the landscape school of poetry in the Tang Dynasty. In this sense, Tao's poetry represents a peak of ancient poetry creation before the astonishing emergence of Tang poetry.

Tang Poetry

Ancient Chinese literature went to a new flourishing period in the Tang Dynasty. During this period, Tang poetry almost developed into an unparalleled prosperity which was not only the reflection of strong national strength and national confidence of developed economy in literary creation but also a result of the opening-up policy of coexistence of Buddhism, Confucianism and Daoism adopted by the ruler at the time. During this period, there were a great number of notable and brilliant poets.

In the early Tang Dynasty, a period during which the grandeur and style of Tang poetry were taking shape, there were Wang Bo, Yang Jiong, Lu Zhaolin and Luo Binwang, who were known as the "Four Literary Masters of the Early Tang Dynasty." They strived to open new themes and new images of poetry and composed many vigorous and fresh poems with plain feelings. What's more, Chen Zi'ang and his work "Ode to Climbing on Youzhou Tower" marked the beginning of the golden age of Tang poetry.

Li Bai and Du Fu were the two best-known poets that truly represent the grandeur of the High Tang Dynasty. The great poet Li Bai was nurtured by the cultural spirit of the High Tang Dynasty, and his living period is almost coincided with the flourishing Tang Dynasty. As a great romantic poet, Li Bai not only had an open-minded and uninhibited personality but also has an extraordinary imagination, which made his work encircled with gigantic momentum and artistic appeal. Many of his poems retain enduring popularity, such as "The Hard Journey in Shu," "Bringing in the Wine," and "Journey to the Tianmu Mountain in a Dream." Du Fu once praised Li Bai's poem by saying "the wind and rain were shocked when he started to write, and the ghosts and gods were touched when he wrote the poem." Such a miraculous and romantic writing style has indeed brought the development of Tang poetry into a peak that the later generation can barely reach.

Following Li Bai, Du Fu built another monument for the development of Tang poetry in terms of adopting realistic writing techniques. He lived in the middle Tang, the period when the Tang Dynasty changed from prosperity to decline. The An Lushan Rebellion that broke out in 755 CE was the key in the transformation. He experienced both the flourishing age and the unrest after the An Lushan Rebellion. Du Fu once lived at the bottom of society in the long run, which enabled him to have the potential to depict the life picture of that miserable time and, thus, reached the realism summit of ancient poetry creation. As a great realistic poet, the poems he created are not only with rich social content and distinct age features, but also beamed with patriotism and a noble spirit of self-sacrifice. Therefore, his poetry has been praised as "poetic history" since the Tang Dynasty. There are many of his poetic history works such as "Song of Chariots March," "Satire on Beauties," "Spring View," and "The Three Conscripting Officers" including "The Conscripting Officers at Shihao," "The Conscripting Officers at Tongguan" and "The Conscripting Officers at Xin'an," and "The Three Farewells" including "Farewell to My old Wife," "Farewell to My old Husband," and "Farewell of a Lonely Soul." Some famous lines of Du Fu's poetry, such as "In the mansion, wine and meat rotten for the excessive supply; on the streets, people died of starvation and freeze for poverty," have already become a profound reflection of people's life at that time.

Many poets have also brought credit to the scene of Tang poetry in the High Tang Dynasty, such as Meng Haoran, Wang Wei, Gao Shi, Cen Shen, Wang Changling, Wang Zhihuan, Yuan Zhen, Wei Yingwu, Li Yi and so on. They took the landscape or frontier fortress as the theme and left numerous masterpieces. Bai Juyi, who advocated for the "New Yuefu Movement," is a realistic poet and the most productive one among the poets of the Tang Dynasty. His masterpieces include "Chang Hen Ge" ("Song of Everlasting Sorrow") and "Pipa Xing" ("Song of the Pipa Player"). Besides, Bai Juyi's works have been widely spread to every level of society and even overseas for his plain, direct, and easily comprehensible style of verse. In the mid-late Tang, represented by Han Yu, Meng Jiao, Liu Zongyuan, Liu Yuxi, Li He and others, poetry creation witnessed a comprehensive prosperous scene with diverse artistic styles and a great variety of schools.

Ⅲ. The Further Development Period of Ancient Chinese Literature

From the inside logic of the development of ancient Chinese literature, the period from the Middle Tang Dynasty to the whole Yuan Dynasty is the period for

Ci and Qu poetry and story-teller's script. It is also the period for ancient Chinese literature to be further sophisticated and diversified.

Ci-Poetry

Ci-Poetry is a type of lyric poetry budded in the Southern Dynasties and emerged in the Sui and Tang dynasties as a new literary form. Ci was originally the lyrics written to match up the banquet music. Cipai is the name of various tones of Ci. In different names of it, there are different regulations on the total number of sentences, number of characters as well as on level and oblique tones. The ancient Ci creation of China came to a period of great prosperity in its development after entering the Song Dynasty. Therefore, Ci becomes the main symbol of the Song Dynasty literature. This period can be described as a time of brilliance for Ci poets, with a flourishing scene where numerous talented poets emerged, creating a vibrant and diverse landscape of Ci. During the early stage in the Northern Song, Yan Shu, Ouyang Xiu and Yan Jidao committed to the creation of Xiaoling Ci (one of the main categories of Ci), forming the Wanyue style (the graceful and restrained school of Chinese poetic genres) of Ci which was with graceful and restrained style at that time.

Ci in the Song Dynasty began to see reformation starting from Liu Yong, whose innovations were reflected in two respects: releasing Ci from the limitation within the scholar-official circle and opening it to civil life; changing the Ci creation that was dominated by Xiaoling in the early Song Dynasty and writing a large number of Changdiao and Manci that integrated with narration, scenery and emotion. Besides, the works of Liu Yong were widespread for his focus on plain and simple language as well as the civilian quality in his work.

Su Shi is another poet that can represent the great achievement of Ci in the Song Dynasty. After Liu Yong, Su Shi further expanded the expressive theme of Ci, making the broader social reality life and the rich personal inner world the theme of his writing. In terms of arts, Su Shi's work is refreshing, for he boldly broke the restriction of rhythm and wrote with great freedom in content, By not sticking to one pattern, Su Shi almost enabled all the artistic conceptions and things to be described in form of words. Therefore, in addition to the work of scenery depiction and emotional expression, people can also notice his remembering of the past, travel experiences, and even Buddhism and Zen in his poems. "Remembering Chibi, to the Tune of Niannujiao," the representative poetry of Su Shi, depictes the famous characters through the ancient and modern times. It possesses a vigorous artistic conception, creating an unconstrained atmosphere of Ci in the Song Dynasty.

After Liu Yong and Su Shi, Qin Guan, Huang Tingjian, Zhou Bangyan and other Ci poets also contributed to the prosperous situation in the cycle of Ci in the Northern Song Dynasty with their own creative achievements quietly. Although Qin Guan was a student of Sushi, his writing style quietly differed from Su Shi. In works such as "Immortal at the Magpie Bridge," a strong and tender sentiment was revealed. Zhou Bangyan, who made great achievements in Wanyue Ci of the Northern Song, was proficient in temperament and good at grasping the change of composition structure, making his work particularly elegant and fluent. His works inherited the Wangyue style of Liu Young's Ci. The Ci of Zhou Bangyan marked the full maturity of the art of Ci from content to form.

Ci, as the representative literature of the Song Dynasty, still saw significant development in the Southern Song Dynasty. After the Jingkang Incident (1127), the development of Ci entered into a new period. It was between the Northern and Southern Song dynasties that Li Qingzhao appeared as the greatest female Ci poet. Profound meaning, romantic feeling and fresh language were presented in her poetry, especially the works written after escaping from the chaos of Jiangnan, such as "Solitude, to the Tune of Shengshengman" and so on. These works are full of touching artistic appeal.

Most of the Ci writers in the early Southern Song Dynasty had experienced the tragic Jingkang Incident, so their poetry often reflected the turbulent social life at that time, during which Zhang Yuangan, Zhang Xiaoxiang and others are the famous Ci poets. They inherited the vigorous and intense style of Su Shi's Ci and ushered the magnificent and broad style of Xin Qiji's Ci.

Xin Qiji, the greatest patriotic poet of the Southern Song Dynasty, was born in the decline of the Southern Song Dynasty. An indignant and deep patriotism can be experienced throughout his writing. In artistic pattern, Xin Qiji inherited the style of Su Shi and became more magnificent and heroic. He had a strong ability to master language, especially good at blending the terms of four traditional types of Chinese classic texts (Confucian classics, historical records, philosophical writings and miscellaneous works) into his own poetry, which made a new breakthrough in the artistic expression techniques of Ci.

The Eight Great Prose Masters of Tang and Song and Classical Prose Movement

"The Eight Great Prose Masters of Tang and Song" refers to a grouping of prose writers: Han Yu, Liu Zongyuan, Ouyang Xiu, Su Xun, Su Shi, Su Zhe, Wang Anshi, and Zeng Gong. Of the eight writers, the first two were from the Tang Dynasty, and the other six from the Song Dynasty. The reason for listing the eight litterateurs is that they were the advocates and the practitioners of Classical Prose Movement.

In contrast to Pianwen (rhythmical prose characterized by parallelism and ornateness), classical Chinese is the prose of odd sentences and single lines and is of no stress on antithesis and rhythm. Pianwen prevailed after the Wei and Jin dynasties and featured neat syntax, ornate rhetoric and disconnection between form and content. "The Eight Great Prose Masters" advocated the movement aiming to oppose the the unhealthy trends of Pianwen and restore the prose tradition of the Pre-Qin and Han dynasties, which featured substantial in content, free in length, and plain and smooth in language. Han Yu was the first great promoter of the movement, which was then responded by Liu Zongyuan. Han Yu proposed a comprehensive theory of classical prose, advocating for the veneration of ancient principles and the composition of classical prose that embodies the idea of "writing as a means to convey the Way." He pointed out that the purpose of studying ancient works was to innovate based on the inheritance of tradition. Han Yu emphasized the unity of substantial content and perfect form in writing, the reform of literary genres and language, and the social function of literature, opposing empty rhetoric. He practiced his own theories in his creations, where his prose was characterized by meticulous planning, grand momentum, and distinct era-specific features and artistic qualities. Liu Zongyuan attached great importance to the actual social function and stressed the strict altitude while writing. In addition to political comment, the prose of Liu Zongyuan is quite distinctive for it is good at satirizing and criticizing the hideous phenomenon of society. "The Three Fables" consisted of "The Elk of Linjiang," "The Donkey of Qian," and "The Rats of Yongzhou," ironed the reality through the depiction of the three kinds of animals with sharp and vivid language. Though short in length, the prose of Liu Zongyuan presents a high degree of humorous satire art.

The Classical Prose Movement in the Tang Dynasty opened a new literary atmosphere, boasting an indelible contribution in the history of literature. In the Song Dynasty, the other six famous writers inherited the spirit of the movement and consolidated the achievements of their predecessors. Ouyang Xiu was the leader of the poetry and prose innovation movement in the Northern Song Dynasty. He inherited the spirit of the Classical Prose Movement in the Tang Dynasty, advocated a simple and natural style of writing, and emphasized the social function of articles. Most of his articles are substantial in content, natural, smooth and straight-forward in language, and well-conceived in structure. Works such as "On Party Factions," "Record of the Old Drunkard's Pavilion," and "Inscription on the Tomb Path at Longgang" have all been renowned masterpieces passed down and recited through the ages. The movement advocated by Ouyang Xiu reformed the style of formalism starting from the end of the Tang Dynasty. He also promoted many prose writers such as Wang Anshi, Zeng Gong, Su Xun and his sons Su Shi and Su Zhe, which had substantial impacts on their writing and also cultivated the backbone strength for the revitalization of literary world in the Northern Song Dynasty.

Su Xun, Su Shi, and Su Zhe, collectively known as "Three Sus," all took an active part in and promoted the Classical Prose Movement advocated by Ouyang Xiu, which has made great achievements in prose creation. They were the important factors of the literary world in the Northern Song Dynasty. Su Shi attached great importance to the social function of literature, emphasized the unity of content and form and encouraged innovation and originality. Besides, Ouyang Xiu developed the easy and smoothing style of writing with his solid foundation and unrestrained talent, which opened up a new world for the creation of prose. There are also eloquent political theories, crisscrossing handwriting and new ideas in his writing. His narrative texts are characterized by principle elucidation through facts, implicit meaning, and provoking thoughts. His travel notes not only describe the truth but also are good at elucidating principles in scenery depiction. His prose of travel records have the extremely high artistic value, such as "Ode to the Red Cliffs," "Records of Stone Bell Mountain," and "The Story of Liu Tingshi," which are all widely spread classical works.

Wang Anshi emphasized the social function of literature and was best at the argumentative prose creation. His narrative works do not lay emphasis on describing scenery and objects, but rather focus on using reasoning to tell stories. His lyric eulogies feature archaic language, sincere emotions, and are highly infectious. Among them, "Memorial Tribute to Ouyang Xiu" is the most renowned one.

As a follower of Ouyang Xiu's proposition on literary creation, Zeng Gong emphasized more on elucidating argumentation, based on which his style of prose writing was natural and simple in language, accurate and rigour in arguments and clear in logic. Zeng Gong was apt at argumentation and narration, with "Letter to the Honorable Ouyang" and "Records of the Dao Mountain Pavilion" as his representatives.

Yuanqu

After Yuan comquered the Song Dynasty, popular literature met a period of great development in the history of Chinese literature with the further prosperity of the urban economy. Yuanqu is a form of art and literature that prevailed during the Yuan Dynasty, including Zaju and Sanqu. With the thick folk conscious and urban culture, Zaju's artistic achievements are presented mainly in the combination of simple folk language style and literati's graceful writing style. It is as straightfoward as everyday language, understandable for both women and children and at the same time, smooth and meaningful. The wonderful lyrics of

Zaju are actually graceful lyric poems, which can be remarked as the direct inheritance and development of the lyric tradition of Chinese classical poems.

Guan Hanqing, the founder of Zaju and the leader of dramas, created a wide range of themes with a unique expression technique. He was good at integrating realistic spirit and idealism, making the dramas appeal to both cultured and popular tastes. For example, in *The Injustice to Dou E*, he described a tragic story of an ordinary woman who suffered a wrongful death, which caused heaven and earth to change and snow in June. The story reflected the miserable situation of people at the botom of society and presented the author's sympathy for the toiling masses, hate for injustice, and eagerness for the social justice, leaving the work extremely ideological and artistic.

Ma Zhiyuan, whose plays mostly describe the literati's frustrated or reclusive life, often expressed his own thoughts and emotions by borrowing the past as a model for the present. His works were favored by the intellectual class of the time. In his representative work *Autumn in Han Palace*, Ma Zhiyuan did not fall into a groove of "beauties usually ill-fated" but highlighted the true love of Emperor Yuandi of the Han Dynasty for Zhaojun and Zhaojun's love to people and country. The story not only featured a profound theme but also graceful lyrics.

The story in *The Romance of the Western Chamber* by Wang Shifu depicts the hard love between the noble lady Cui Yingying and the scholar Zhang Junrui, which is an attack on feudal mores, supporting the longing of young people in those days for freedom of marriage. With the twisted plot, strict structure, and vivid language, the whole play overflows with the poetic realm.

Apart from the works of representative playwrights above, there were also some other masterpieces during this period, such as *Rain on the Paulownia Tree* and *Over the Wall* by Bai Pu, *Rain on the Xiaoxiang River* by Yang Xianzhi, *The Orphan of Zhao* by Ji Junxiang, *Li Kui Offering an Abject Apology* by Kang Jinzhi, etc.

Sanqu is a another lyric style of verse that cooperates with the popular tune to sing without makeup and acting. Guan Hanqing and Ma Zhiyuan are the representative playwrights of Sanqu creation in the early period of the Yuan

Dynasty. Writing in plain, fluent and vivid language, Guan Hanqing's Sanqu can be sung and recited. Ma Zhiyuan's Sanqu covers a wide range of themes. In terms of arts, Ma Zhiyuan pursued the poetic conception with outstanding literary brilliance. The representative work of him "Tune: Sunny Sand Autumn Thoughts" is the centralized embody of his artistic style. Only with a few words, the conception of poetry and painting is created.

Ⅳ. The Conclusion Period of Ancient Chinese Literature

The Ming and Qing dynasties in the history of ancient Chinese literature are called the period of fiction and legend. It is also the period for ancient Chinese literature to begin its own introspection and conclusion. During this period, Chinese feudal society entered its end stage. Feudal rulers implemented a highly centralized system and strengthened their control over ideology and culture. However, the development of the urban economy, the enhancement of citizens' awareness, especially the later sprout of capitalist economy in the late Ming provided new growing factors for the literary creation, in particular for the long development of the light literature that has already adapted to the citizens' lives such as fiction, legend, drama and other forms of it.

Zhanghuiti-Style Novel

Following the themes, Zhanghuiti-style novels (a type of traditional Chinese novel with each chapter headed by a couplet giving the gist of its content) can be divided, in general, into historical romance, the legend of heroes, supernatural evil-spirit novels, realistic novels, satirical novels and detective novels while in a narrow sense, historical narratives (including the legend of heroes and detective novels), realistic novels (including human relationship and satire), and supernatural evil-spirit novels. *Romance of the Three Kingdoms*, *Outlaws of the Marsh*, *Journey to the West*, and *The Golden Lotus* are the four great stories of the Ming Dynasty, belonging respectively to historical romance, the legend of heroes, supernatural evil-spirit novels and realistic novels. In the mid-Ming Dynasty, the four stories spread in complete form. Until the emergence of *Dream of the Red Chamber* during the reign of the Qianlong Emperor in the Qing Dynasty, the ancient full-length Zhanghuiti-style novels reached a climax.

Romance of the Three Kingdoms, written by Luo Guanzhong, is the first Zhanghuiti-style novel. The work created on the basis of folklore and story-telling scripts of artists with historical sources at its core is a fascinating book that integrates fiction with reality. There are five parts included in this novel: "Yellow Turban Rebellion," "Dong Zhuo's Tyranny," "Conflict among the Various Warlords and Nobles," "The Formation of the Three Kingdoms" and "the Three Kingdoms Conquered by the Jin Dynasty." It describes the nearly hundred years of history from the late Eastern Han Dynasty to the early period in the Western Jin Dynasty with war depiction as the main theme, in which it tells the story about the fragmentation of a country by rivaling warlords in the late Eastern Han Dynasty and the rivalry between kingdoms of Wei, Shu and Wu in military and politics. Sima Yan (the first emperor of the Jin Dynasty) eventually unified the three kingdoms and established the Jin Dynasty. *Romance of the Three Kingdoms* reflects the transformation of conflicts and contradictions in the Three Kingdoms and generalizes the dramatic change in history at that time.

The fiction world that had been created in *Romance of the Three Kingdoms* on the basis of historical biography vividly reproduces the political, military and diplomatic rivalries between various powerful groups since the late Han Dynasty. The rich cultural connotation of history, wisdom and strategy in the work still enlightens the later generation. The novel refers to more than 400 characters, of them Zhuge Liang, Liu Bei, Guan Yu, Zhang Fei and Cao Cao were depicted with their own unique personalities such as the wise and smart Zhuge Liang, kind-hearted Liu Bei, loyal Guan Yu, reckless Zhang Fei, cunning and suspicious Cao Cao, etc., which has become the symbol of typical characteristics of classical and even modern novel.

Outlaws of the Marsh is a famous Zhanghuiti-style novel written by Shi Nai'an in the Ming Dynasty. It is the first fiction that took peasant rebellion as the theme. Similar to *Romance of the Three Kingdoms*, *Outlaws of the Marsh* also originated from folk stories, based on which Shi Nai'an made an artistic creation. Through relatively independent but interlocking stories, the novel tells the story of the heroes who gathered at Liangshan Marsh to resist oppression. Later, they were recruited by the Song Dynasty and fought for it, and finally met their demise. The novel artistically reflects the overall process of the uprising started by Song Jiang from its occurrence, development and failure in Chinese history, profoundly uncovers the social roots of the uprising and reveals the historical reasons for the failure of the uprising. The novel has made great progress in the exploration of the individualization of the protagonist's language, compared with *Romance of the Three Kingdoms*. Together with *Romance of the Three Kingdoms*, it has laid the foundation for the national form and style of ancient Chinese novels, and has formed aesthetic psychology and appreciation habits. Compared to *Romance of the Three Kingdoms*, *Outlaws of the Marsh* is closer to people's lives for the author began to turn to the civil society, daily trifles and the average person, focusing on depicting the layers and fluidity of the characters' personality, and skillfully used vernacular language, which promoted the artistic development of ancient Chinese novel in many respects.

The creation of Zhanghuiti-style novel reached its summit after the mid-Ming Dynasty, during which there were fictions with various themes such as historical narratives, supernatural evil-spirit novels, realistic novels and detective novels, over 60 novels survived today among them. Wu Cheng'en created the classical *Journey to the West*, in which he told the story that Tang Sanzang set off in early Tang for the Dahila Kingdom (an appellation for India in ancient China) to retrieve original Buddhist scriptures for China in the form of myth on the basis of folklore. *Journey to the West* begins with the birth of Sun Wukong (who combines nature of human and god), his learning of Dao and his rebellion against Heaven. It follows the arduous journey of the monk Tang Sanzang and his three disciples as they travel westward to obtain sacred Buddhist scriptures, enduring eighty-one challenges along the way. The plot is filled with fantastical and romantic elements. As a supernatural evil-spirit novel, *Journey to the West* depicted a bizarre supernatural world and created many mythological figures, which to some extents filled the bank of mythological literature caused by the under-development of China's epic in myth literature. It not only represents the greatest achievements of supernatural evil-spirit novels but also have unique meaning on the whole history of Chinese literature.

Unofficial History of the Scholars written by Wu Jingzi can be regarded as the first satirical novel of the scholar in the history of ancient literature. The novel depicts a group of feudal academic scholars with diverse features in a penetrating manner. On the one hand, it uncovers the process and reasons that humanity is corrupted so as to criticize and satirize the corruption of the officialdom, the drawbacks of the imperial examination, the hypocrisy of the feudal ethical code and other aspects at that time. On the other hand, it enthusiastically praises a few figures' efforts to protect the human nature in the way of sticking with themselves, which expresses the writer's ideal. The practiced adoption of the vernacular, the fine and deep description of personal characters, and especially the extraordinary sarcasm make the book the masterpiece of classical Chinese satirical literature. The book has a direct influence on the emergence of denouncing novels in the late Qing Dynasty.

Dream of the Red Chamber is a painstaking work of a Chinese literary giant of the 18th century named Cao Xueqin, who perused a decade and made additions and deletions five times to compose the book. The golden time of classical Chinese novel was claimed to come as the transcript of the book spread during the reign of the Qianlong Emperor in the Qing Dynasty. Cao Xueqin dipicted the rise and fall of the four clans, Jia, Shi, Wang, and Xue with the love tragedy of Jia Baoyu and Lin Daiyu as the main line, and deeply uncovered the inevitability that the feudal society will go toward the decline from prosperity. The surface frame of *Dream of the Red Chamber* is the love and marriage tragedy respectively between Jia Baoyu, Lin Daiyu, and Xue Baochai. The tragedy unfolds in the contradiction and the rise and decline of families with Jia clan at its core. In addition, Cao Xueqin, who depicted the four families starting from Jia, Shi, Wang and Xue, realistically pictured various characters' activities from the imperial officials down to the broad countryside in an object way, which gives the masterpiece the profound implication in terms of history, society and culture.

Dream of the Red Chamber discloses a variety of darkness and crimes of the later feudal society as well as its insurmountable inner contradictions, which have made a vigorous criticism of the corrupted feudal ruling class and feudalism that is about to collapse, making the reader aware of their inevitable doom. Meanwhile, the novel expresses the sprout new ideal by praising the traitor of the noble.

Dream of the Red Chamber has created many vivid figures, and there are positive, negative, primary and secondary characters that have their own unique personalities and many images. Many of them have become immortal artistic archetypes, shining with extraordinary splendor in the history of Chinese and even the world literature.

Short Story

Apart from the full-length Zhanghuiti-style novel, short story creation also saw extraordinary achievements in the Ming Dynasty, during which the short stories existed mainly in the form of simulating vernacular novels, that is to say, the short stories that were created by scholars to simulate the folk script for story-telling. The famous vernacular short story collections include Feng Menglong's *Stories to Instruct the World*, *Stories to Caution the World*, and *Stories to Awaken the World* and Ling Mengchu's *Slapping the Table in Amazement* and *Slapping the Table in Amazement* (vol. 2), which are respectively called "San Yan" and "Er Pai." In those short fictions, the authors nearly described every respect of the social life of the Ming Dynasty, while the description of the lives and mentalities of merchants, handicraftsmen, and the common people at the bottom of society are particularly wonderful and profound. Some stories among those works such as "Du Shiniang Sinks Her Jewel Box in Anger," "The Oil-Peddler Wins the Queen of Flowers," and "Prefect Qiao Rearranges Matches in an Arbitrary Decision" remain to be the famous plays for performance in some places.

Strange Tales from a Chinese Studio is a collection of short stories written by Pu Songling in classical Chinese in the Qing Dynasty. The collection inherited the artistic style of tales of the miraculous in the Six Dynasties and tales of marvels in the Tang and Song dynasties. Some stories in the collection uncover the darkness of the feudal regime, some criticize the corruption of the imperial examination system, and some revolt against the restriction of feudal ethics. They all possess rich and profound ideological content. Most of the stories in the books are on the subject of love, presenting the strong spirit of protesting feudal ethics. There are some famous stories featuring deep significance and meaning of alert among them, such as "The Fighting Cricket," "The Daoist Priest of Laoshan," and "The Painted Skin." *Strange Tales from a Chinese Studio* is a mature work among classical short fiction for its distinct characters, winding plots and graceful language which is full of artistic inspiration.

Chuanqi of the Qing Dynasty

In Chuanqi (a form of Chinese opera) of the Qing Dynasty, there are also some creative achievements that are worth mentioning. *The Palace of Eternal Life* by Hong Sheng and *The Peach Blossom Fan* by Kong Shangren among them can be called masterpieces. *The Palace of Eternal Life*, which was created by Hong Sheng after more than ten years of painstaking efforts and several revisions of the manuscript, narrates the long-spread love tragedy between Emperor Xuanzong of Tang and his favorite consort, Yang Guifei. On the one hand, the author brought a new ideological connotation into the work. On the other hand, he pursued moving plots and poetic lyricism in artistic expression techniques. The play is popular with both people of the time and the later generation after coming out. *The Peach Blossom Fan* by Kong Shangren employs the emotions entailed by separation and union to depict feelings about rise and fall. The play recounts the rise and fall of the Southern Ming through the love story of its two main characters, a young scholar, Hou Fangyu, and a courtesan named Li Xiangjun, reaching the blend and unification of historical and artistic truth. However, after the creation climax of "having Hong in the south and Kong in the north," Chuanqi of the Qing Dynasty declined gradually. In contrast, the ancient Chinese drama, after the reign of Qianlong Emperor, began to see the flourishing of Peking Opera and local drama, which means that classical Chinese drama embarks on transforming into modern drama.

As a period of summarization in ancient Chinese literature, literature in the

Ming and Qing dynasties has made remarkable achievements. The creation of novels reached its peak, and at the same time, literary forms such as operas also developed vigorously, presenting a rich and diverse literary landscape.

Exercises

Ⅰ. Explain the following terms.

1. Feng, Ya, Song
2. *Chuci*
3. Yuefu folk songs
4. The Four Great Stories of the Ming Dynasty
5. Sanyan and Erpai
6. Hong in the south and Kong in the north
7. Literature as a vehicle for moral message

Ⅱ. Think about the following questions.

1. How do you think of the splendid achievements of the Pre-Qin period?

2. Please sketch the development venation and representative writers of Ci.

3. How can we understand the importance of *Dream of the Red Chamber* in Chinese and even world literature?

4. Why does Chinese literature have the feature of "every dynasty has its representative forms of literature?"

Chapter 7

Ancient Chinese Arts

The Chinese nationality has accumulated rich art aesthetics and created magnificent works of art in its long history, thus it forms a unique artistic tradition in the world. The ancient Chinese art tradition, like other ancient cultural forms, has its own unique theoretical thinking method, aesthetic concept and scope. Ancient Chinese art has a deep-rooted and splendid history with remarkable achievements. With time and the development of history, ancient Chinese art has constantly evolved and never ceased to progress. Over the long course of artistic development, Chinese traditional art has gradually formed a unique, profound, and captivating national artistic tradition and spirit, thereby occupying an important position in the world's artistic arena.

Ⅰ. Chinese Calligraphy and Painting

Chinese calligraphy art is a miracle work in the cultural treasure of the Chinese nation. It is not only popular among the Chinese people, but also attracts the attention of artists from all over the world. Chinese calligraphy is an art of writing, and its development is closely related to the evolution of the font and the change of writing tools. In China, the reason why calligraphy has become an art lies firstly in the fact that the writing object is a variety of different Chinese characters with physical beauty. Secondly, the flexible brush, which embodies the harmony of rigidity and softness, Yin and Yang, plays a vital role as the writing instrument. Thirdly, the content of calligraphy is composed of thousands of years of cultural accumulation, representing the unique artistic qualities of the national lexicon. Therefore, calligraphy is the art form that best embodies Chinese characteristics among various art categories, and it holds significant importance only within the realm of Chinese culture.

Chinese calligraphy is divided into five categories in terms of font type: seal script, official script, regular script, cursive script, and running script. Each category has its unique style.

Seal Script

Seal script appeared the earliest, and it was divided into Dazhuan (big seal) and Xiaozhuan (small seal). Dazhuan includes oracle bone script of the Shang Dynasty, bronze script, and stone drum inscriptions of the Zhou Dynasty. Xiaozhuan was simplified and developed based on Dazhuan, and the font became more symmetical and neat. Since the beginning of the Han Dynasty, seal script had gradually lost its practical value, and was only used for dignified occasions that needed to be beautified. Writing seal script had gradually transformed into a purely artistic creation. The following famous seal script masters include Li Yangbing in the Tang Dynasty, Xu Xuan in the Five Dynasties, Li Dongyang in the Ming Dynasty, and Deng Shiru and Wu Changshuo in the Qing Dynasty.

Official Script

Official script was first created in the Qin Dynasty and flourished in the Han Dynasty. It provided broad prospects for the development of Chinese calligraphy art. Before that time, Chinese calligraphy just worked as language and character. In the Han Dynasty, its aesthetic characteristics gradually attracted more and more people's attention in addition to expressing the meaning of words.

Among the tablet inscriptions of the Han Dynasty, the most typical ones are the large array of official script tablet inscriptions, which exhibit different styles. Some are square and smooth, such as *Tablet of Zhang Qian*. Some are dignified and elegant, such as *Li Qi Stele*, and *Tablet of Mount Hua*. Some are simple and majestic, such as *Tablet of Heng Fang*, and *Tablet of Pan Qian*. *Ode to Stone Gate* is stretched and eccentric, and *Ode to Xixia* is strong and vigorous. All these inscriptions showed the brilliant achievements and superb artistic level of calligraphy in the Han Dynasty.

In the Qing Dynasty, official script had reached its peak again, and many famous artists appeared with different styles. The famous ones were Zheng Xie, Jin Nong, and Deng Shiru.

Cursive Script

Cursive script is divided into regulated cursive script (Zhangcao) and modern cursive script (Jincao). Regulated cursive script is an early form of cursive script, originating from the Qin and Han dynasties. Modern cursive script evolved from regulated cursive script. The founder of modern cursive script was Zhang Zhi in the late Han Dynasty. Zhang Zhi's cursive style was free-spirited and unpredictable. Wang Xizhi and his son Wang Xianzhi of the East Jin Dynasty made the most important contributions to the establishment and development of modern cursive script. Wang Xizhi was honoured as the "the Sage of Calligraphy" because of his extraordinary achievements in calligraphy. His cursive script was restrained and smooth while Wang Xianzhi's style was sharp and wild.

Zhang Xu in the Tang Dynasty changed modern cursive script into free cursive script. His style completely broke through the shackles of Wang Xizhi and Wang Xianzhi, being majestic and tempestuous. He changed the gentle and elegant characteristics since the Eastern Jin Dynasty and greatly raised the lyricism of Chinese calligraphy to an uprecedented height. The monk Huai Su in the Tang Dynasty was another master of free cursive script after Zhang Xu. His writing style was fluttering and flowing, full of the beauty of rhythm in music and the graceful state of dance. His masterpiece was *Zi Xu Tie*, or *Autobiography*.

Regular Script

Regular script evolved from official script and cursive script. The development of regular script is quite complicated. It was derived from the Han Dynasty, developing and prevailing in the period of Wei, Jin, and the Southern and Northern Dynasties, and finally reaching its heyday in the Tang Dynasty. The emergence of regular script significantly enriched the artistry of Chinese character structure.

A representative figure of regular script is Yan Zhenqing, a renowned calligrapher of the Tang Dynasty. Yan Zhenqing created a unique "Yan Style" with powerful strokes and dignified structure. These characteristics together formed a distinctive style, and the appearance of Yan Style had epoch-making significance. The value of Yan Style lies in breaking through the smooth and beautiful style from Wang Xizhi and Wang Xianzhi to the early Tang Dynasty, creating a new style that is strong, vigorous, and majestic, forming the second largest school after Wang Xizhi and Wang Xianzhi. Meanwhile, it shows the features of the flourishing age of the Tang Dynasty. Yan Style has a great influence on later generations. Today, Yan Style is still popular among calligraphy lovers.

Since the Tang Dynasty, regular script has been regarded as the standard script in successive dynasties, and it can be said that numerous renowned calligraphers have emerged. For example, Cai Xiang in the Song Dynasty, Wen Zhengming in the Ming Dynasty, and Weng Fanggang in the Qing Dynasty were all proficient in regular script. Later generations of calligraphers have learned from the calligraphy styles of the Jin and Tang dynasties and followed these traditions.

Running Script

Running script is a kind of script between cursive script and regular script, which is the commonly used in people's daily life. It has been popular since the Han Dynasty and achieved lots of accomplishments constantly. Running script met its first peak in the Jin Dynasty, and Wang Xizhi was the most outstanding one. His masterpiece *Preface to the Poems Composed at the Orchid Pavilion* in running script, embodies the highest level of his calligraphy art. Later generations have always regarded this masterpiece as the best running script.

The Tang Dynasty was the second peak of the development of running script. Based on the tender style of the Jin Dynasty, calligraphers in the Tang Dynasty developed a majestic style of calligraphy. The running script works of calligraphers such as Yan Zhenqing and Ouyang Xun are also quite renowned.

The Song Dynasty set off the third peak of running script, leading to a new fashion of pursuing the personality. The representatives included Su Shi, Huang Tingjian, Mi Fu, and Cai Xiang. After that, Zhao Mengfu and Xian Yushu in the Yuan Dynasty were adept at running script, together called "Two Marvels of the Yuan Dynasty." The representatives of running script in the Ming Dynasty were Wen Zhengming and Dong Qichang. Dong Qichang's style was gentle and elegant, which influenced the early Qing Dynasty. In the Qing Dynasty, Liu Yong, He Shaoji, Zhao Zhiqian, etc. were also famous calligraphers.

Chinese calligraphy, due to its characteristics of creating fonts and the richness of expressing objects, can express the artists' aesthetic ideals, temperament, soul, and personality. The ancients highly generalized this feature as "the handwriting mirrors one's interior." For example, Wang Xizhi's elegant running script shows his ease of behavior. Yan Zhenqing's solemn regular script expresses his generous heart and unyielding personality. Zhang Xu's magnificent wild cursive script represents his uninhibited and unrestrained personality, as well as his free and bold nature. As an art, Chinese calligraphy also reflects the aesthetic style and cultural characteristics of era. The people of the Jin Dynasty admired rhythm, those of the Tang Dynasty emphasized rules, the Song Dynasty people valued artistic conception, and during the Ming and Qing dynasties, the focus was on form. These distinct characteristics of each era are vividly and thoroughly presented in the calligraphy works of their respective times, becoming unique cultural symbols that shine brightly in the long river of calligraphy art.

In addition to calligraphy art, painting art also holds a pivotal position in ancient Chinese art. Traditional Chinese painting, simply referred to as "Guohua," is a traditional form of painting in China. It is a kind of painting created by using brushes, inks, and pigments of China, in accordance with long-form expressions and artistic rules. Traditional Chinese painting has a long history. With its rich and profound cultural heritage and unique aesthetic pursuit, traditional Chinese painting has become an outstanding representative of Eastern painting. In the course of its thousands of years of development, traditional Chinese painting has formed three categories: figure painting, landscape painting, and flower-and-bird painting.

Figure Painting

Figure painting appeared earlier than landscape painting and bird-and-flower painting in China. It can be roughly divided into Buddhism and Daoism religious painting, painting of the figures of ladies, portraiture, genre painting and historical story painting, etc. Figure painting strives to portray the character's personality vividly. It often embodies the character of the figures in the environment, atmosphere, body shape and actions. Famous paintings include *Nymph of the Luo River* by Gu Kaizhi in the Eastern Jin Dynasty, *Night Revels of Han Xizai* by Gu Hongzhong in the Southern Tang Dynasty in the Five Dynasties period, *Vimalakirti* by Li Gonglin in the Northern Song Dynasty, and *Gathering Wild Herbs* by Li Tang in the Southern Song Dynasty.

The Chinese figure painter advocates painting the spirit while maintaining the form. The painters stress using the eyes, gestures, posture and other important details to distinguish the main part and minor part. Paintings usually are more detailed in the facial gestures than the clothes, and more detailed in the activities of the characters than in the description of the environment. The brushwork or painting technique should, on the one hand, serve the structural texture, volume, and spirit of the image, and on the other hand, convey the artist's emotions while also reflecting the artist's personal style. In expressive figure painting, the brush and ink complement each other—there is ink within the brushwork and brushwork within the ink. A single stroke on paper must both depict the object vividly and convey emotions, all while showcasing the artist's personal style, which poses a great test to the painter's skills.

In the Northern Song Dynasty, genre painting was all the rage. Zhang Zeduan's life-like genre painting *Along the River during the Qingming Festival* uses a bird's-eye view of the composition to depict the prosperous scene of Bianliang, the capital city, from the suburbs and the Bian River to the downtown market during the Qingming Festival. In this painting, there are more than 550 people, including men and women, old and young, officials, merchants, workers, farmers, doctors, monks, etc. The painting is not only elegant and exquisite but also full of charm like free sketch paintings. Therefore, it occupies a very important position in the history of Chinese painting.

Landscape Painting

Landscape painting is a significant sign that distinguishes Chinese painting from Western painting. Landscape painting took shape during the period of Wei, Jin, and the Southern and Northern Dynasties. It emphasizes the use of a scattered perspective technique and highlights the presence of people or buildings in the painting, which brings the artwork to life. Beginning in the Tang Dynasty, Chinese landscape paintings began to be divided into two schools, the Northern School and the Southern School. Most of the landscape paintings of the Southern School take the landscapes of the Jiangnan region as the blueprint. They feature a delicate and gentle style, focusing on the creation of the lingering charm of the brushstrokes and ink as well as the artistic conception. Techniques such as the hemp-fiber texture stroke are often used to depict the gentle mountains. Moreover, the landscape paintings of the Northern School use the mountains and rivers in the north as materials. The painting style is majestic and magnificent, emphasizing momentum and strength. Techniques like the ax-cut texture stroke are frequently adopted to showcase the hard rocks and mountains.

From the late Ming Dynasty to the Qing Dynasty, landscape painting fell into the formalist. Until modern times, landscape painting developed again. A new generation of masters such as Huang Binhong, Li Keran, Zhang Daqian, Fu Baoshi, Guan Shanyue, etc. absorbed Western painting theories, kept an eye on nature in depth and blended in their own style, thus brought energy into landscape painting to make it a new stage.

Flower-and-Bird Painting

Chinese flower-and-bird painting appeared relatively late. The Tang Dynasty is the foundation period for flower-and-bird painting, during which many flower-and-bird painters appeared and different art schools formed. In the Five Dynasties, flower-and-bird painting had an unprecedented development, giving rise to two distinct styles: "Huang Quan's opulent style" and "Xu Xi's rustic and free-spirited style." Since then, Chinese flower-and-bird painting has been classified into two major schools, which are called "Two Styles of Xu and Huang" by later generations.

When it came to the Song Dynasty, the themes of flower-and-bird paintings gradually tended to focus on pine, bamboo, plum, orchid, and chrysanthemum. Bamboo painting, a kind of painting created by Wen Tong, Su Shi and other painters, is rich in literary meaning, which opened up a new style of flower-and-bird painting. The most representative works of the Song Dynasty include *Wintery Sparrow*, *Sketch of Fruits and Vegetables*, *Bamboo Painting* and so on. *Wintery Sparrow* is Cui Bai's famous masterpiece. Its simple composition and vivid image show the natural artistic style of Cui Bai's paintings with clear, elegant color and flexible, smooth strokes, which made important contributions for the Southern Song Dynasty painters to get rid of the influence of previous painting styles.

The periods of Yuan, Ming and Qing dynasties were the prosperous period of flower-and-bird painting. The freehand ink style and the neat and gorgeous painting style competed with each other, leading to the emergence of famous artists and schools during this period. The famous works include *Blossoming Plum*, *Grape*, *Flowers along the River*, *Orchids*, *Bamboo and Rocks*, *Peach* and so on. *Blossoming Plum* is a representative work of Wang Mian, a famous painter and poet of the Yuan Dynasty. The picture depicts elegant and graceful plum blossoms with simple composition, vivid image, and refined strokes, *Peach* was painted by Wu Changshuo, the painter of the Qing Dynasty. Wu Changshuo was well-known for his freehand flowers, blending the strong points of all schools, and integrating his profound calligraphy, seal cutting and poetry accomplishments. Therefore, he changed the frivolous style of the painting world in the late Qing Dynasty with his majestic and splendid style. In a sense, Wu Changshuo's freehand flower-and-bird painting is a summary of traditional flower-and-bird painting.

Ⅱ. Music

Ancient Chinese music art is like a jewel in the treasure house of world music culture. The records of ancient music in the Yao and Shun period in ancient documents show that Chinese traditional music originated at an early time. The 18 bone flutes with seven sound holes and eight sound holes discovered in Wuyang County, Henan Province had a history of over 8,000 years. The music and etiquette of primitive society are connected. Early in the Pre-Qin era, Chinese traditional music formed a unique system different from other cultures, creating both the pentatonic scale and the seven-tone system. Compared with the Western music which places great emphasis on chorus and orchestration, Chinese traditional music is mainly based on melody, imparting a vivid linear beauty full of artistic verve. The ancient Chinese believed that music expressed inner feelings while emotions came from humans, and the beauty of vocal music lay in the lyrics. Therefore, music can be "joyous but not indecent, mournful but not distressing," "starting from love but restricted within the moral standards."

Traditional Chinese music has also had a significant impact on the development of world music. The excavation of the Chime Bells of Marquis Yi of Zeng from the Warring States Period rewrote the history of world music and represents the highest achievement of the ritual and musical civilization in Pre-Qin of China. The complete set of chime bells consists of 65 pieces, arranged in three tiers. The total range of tones reaches as wide as five octaves, with a full set of twelve semitones, enabling the performance of melodies in pentatonic, hexatonic or heptatonic scales. In addition, the large-scale suites and dance music of the Tang Dynasty, just like the unique arias and musical passages of Peking Opera, enjoy a high reputation in the world. Famous Chinese Guqin pieces such as "High Mountains and Flowing Water" and "Misty Clouds over Xiaoxiang River," as well as the Pipa piece "Ambush on All Sides," are also renowned far and wide for their unique artistic charm and profound cultural connotations.

Chinese opera combines various arts (music, dance, literature, sculpture, painting) together and refines them. Music is an important part of Chinese opera. The instrumental music not only regulate the rhythm of the whole play but also accompanies the singing to complement the performance and enhance the atmosphere. Chinese opera has the structure and plot of the novel, but it portrays the characters and promotes the plot mainly by singing and reciting. Singing absorbs the richness of poems, lyrics, and music; reciting takes the essence of prose and vernacular. The painting elements in Chinese opera take the form of pictures of facial makeup and costumes, and the pictorial ambience formed by the blank space of the actors and the background. The sculptural elements of Chinese opera are shown firstly in the actors' constant appearance and short-time still in the performance, and secondly in the motionless standing of the minor characters while the main characters sing for a long time. To satisfy the audience's vision, Chinese opera mainly relys on "dance" in addition to the decorative costumes. In Chinese opera, there are beautiful and stereotyped civil dances, as well as martial arts involving acrobatics and stunts. The martial arts in Chinese opera are completely artistically transformed into a rhythmical performing dance style. Generally speaking, Chinese opera emphasizes four basic skills Chang, Nian, Zuo, and Da, namely singing, reciting, acting and martial arts performing. In singing, there are certain rules and requirements for the tone modulation and pronunciation; recting is divided into rhythmical parts and spoken parts which must be musical; in acting, the hands, eyes, bodies, actions, and steps must be specially and rigorously trained; and martial arts actions should be clean, stable, accurate, light and agile.

Ⅲ. Folk Art

In addition to calligraphy, painting, music, and Chinese opera mentioned earlier, there are other rich intangible cultural heritages in Chinese folk society, which are reflected in various handicrafts. China's folk art is high-developed, and many kinds of folk art have long been famous around the world. On the one hand, Chinese folk art shows the extraordinary wisdom of folk artists; on the other hand, it embodies the life aspirations and tastes of Chinese people. Chinese people keep pursuing happiness, reunion, prosperity, peace, and luck for thousands of years. It is these pursuits that constitute the spiritual atmosphere of various Chinese folk arts.

Spring Festival Pictures

The Spring Festival is the most important traditional festival in China, and posting Spring Festival pictures is an important part of celebration. People decorate the rooms with Spring Festival pictures to increase the atmosphere of the Chinese New Year. The content of Spring Festival pictures mostly expresses the meaning of blessing, auspiciousness, and joy. For example, a popular picture named *Liannian Youyu*(连年有鱼), painted a clever chubby child with a big carp in his arms. "鱼"(fish) and "余" (surplus) have the same pronunciation in Chinese, so the picture expresses the beautiful wishes of abundance and surplus of life through homophonic sounds.

In China, the styles of Spring Festival pictures are different from region to region. Yangliuqing Spring Festival pictures use a combination of woodblock overprinting and hand-painting. People call it "half-printed and half-painted." To make a Yangliuqing picture, the artisans engrave the pattern on the board first, then overprint the picture and colour the outline on the paper, and finally mount the picture. Each painting is hand-made by the painters rather than pressed out of moulds on a production line. It integrates the knife-style into the prints with the hand-painted brushstrokes to form a unique style. Taohuawu Spring Festival pictures in Suzhou embody the delicate characteristics, using traditional watercolor block printing methods. In terms of theme, it also uses a large number of literati paintings in addition to absorbing folk tales. The style of Taohuawu is not as bright-colored as Yangliuqing pictures, but it emphasizes elegance. Taohuawu pictures are not only widely spread in the Jiangnan region but also have been introduced overseas. In particular, they have exerted a profound influence on Japanese Ukiyo-e.

Chinese Paper-Cut

Chinese paper-cut is a unique Chinese folk art with a history of nearly a thousand years. The material is simple, just paper and a pair of scissors (or a cutter) are enough. Chinese paper-cut is an improvisational art. Many craftsmen don't need to draw drafts. They can create vivid works just with a pair of scissors in their hands.

In ancient China, many customs were formed around Chinese paper-cut. For example, on the day of the Beginning of Spring, one of the twenty-four solar terms, women often wore paper-cuts on their heads or tied them under flowers to celebrate the arrival of spring. Nowadays, paper-cuts are mostly used as decorations to add a festive atmosphere to important occasions such as festivals or weddings.

Embroidery

China is the hometown of silk. Many forms of folk art are related to silk, and embroidery is one of them. Embroiderers were most women, so embroidery was also called "nügong" (needlework for women). Embroidery has a history of thousands of years in China and is widely loved by people. It is often used to decorate clothing, bedding, artworks, etc. In the Song Dynasty of China, the Brocade Institute and the embroidery Institute gathered a large number of weaving and embroidery professionals which greatly promoted the development of silk weaving and embroidery techniques. There are "Four Famous Embroideries" in China: Suzhou embroidery, Guangdong embroidery, Hunan embroidery and Sichuan embroidery. They differ not only in styles, but also in content. There is a saying that "Suzhou embroidery is famous for cats embroidering while Hunan embroidery is famous for tigers embroidering." Guangdong embroidery is famous for birds embroidering, and *Hundreds of Birds Paying Homage to the Phoenix* is the most renowned work. Sichuan embroidery is famous for landscape figures embroidering.

Chinese Shadow Puppetry

Shadow puppetry is an important traditional folk art in China, boasting thousands of years of historical inheritance and a rich accumulation of cultural and artistic heritage. This art form had already reached a high level of maturity in the Song Dynasty. The characters in shadow puppetry are usually made of leather, and the production process is extremely complicated. During a performance, lights shine on the leather figures, creating vivid silhouettes. The performers stand behind a white cloth, manipulating shadow puppets of various shapes. At the same time, they tell stories in local popular tunes, accompanied by percussion instruments or stringed instruments, giving it a strong rural flavor.

Shadow puppetry has also exerted a noticeable influence on the cultural development of the world. This theatrical form, which originated in China, spread around the world in the 13th century, providing inspiration for artists from various countries. Its unique form of light and shadow expression inspired the creators of early Western animations and promoted the development of early Western animations. As the earliest form of screen shadow art, shadow puppetry has three key elements—picture, plot, and music, and it can even be regarded as the forerunner of modern movies. Goethe and Chaplin both spoke highly of shadow puppetry.

Exercises

Ⅰ. Explain the following terms.

1. Four famous calligraphers in the Song Dynasty
2. Yan Style
3. *Along the River during the Qingming Festival*
4. *Preface to the Poems Composed at the Orchid Pavilion*
5. Yangliuqing
6. The Four Great Embroideries

Ⅱ. Think about the following questions.

1. What's the aesthetic purpose of landscape painting?

2. What do you think of the characteristics "formulation" of traditional Chinese opera?

Chapter 8

Ancient Chinese Architecture

Traditional Chinese architectural art is an important part of traditional Chinese culture. Throughout its long history, ancient Chinese architecture has been developed with its own systems and characteristics.

With regards to architectural categories, Han-style buildings are an essential aspect of traditional Chinese architecture, including palaces, temples and altars, mausoleums, Buddhist and Daoist temples, Buddhist pagodas, grottos, classical gardens, Yashu (the government offices in feudal China), folk public architecture, landscape pavilions, royal residences, vernacular dwellings, city walls and bridges. In addition to the above types of buildings, there is also street furniture, like Paifang, steles, and Huabiao. Though sharing a similar history of development, these architectures have been developed at different times and places with different appearances.

Confucianism has exerted an extremely significant influence on Chinese ancient architecture, which is mainly reflected in the harmonious beauty of architecture. The Confucian regards harmony as the highest level of ethical criteria and aesthetic stage, which is exemplified by the "front hall and back bedroom" that has a square, symmetrical layout. China's architecture pays particular attention to the group combination that often adopts a central-axis, symmetric compact composition method. But some architectural types, such as gardens, certain mountain forests, Daoist temples and certain vernacular dwellings adopt the method of free combination. No matter which composition method is adopted, great attention is paid to the pursuit of neutral, easy, reserved and deep esthetic characters, giving expressions to the esthetic habits of the Chinese nation. This is also distinctly different from the Western architectural systems that highlight the radiating outward features of individual buildings.

The traditional thinking of "heaven and man as an entity" has also a far-reaching influence on Chinese architectural style. Under the influence of traditional thinking, traditional Chinese architectural activities focus more on the locations of buildings. It means that the buildings will be integrated into the natural environment to improve the esthetic quality of the whole nature. The location of many famous architectural complexes depends on the natural environment. This has thus formed the distribution characteristic of ancient architecture that "all the famous mountains are accompanied by famous temples."

Confucianism focuses on the idea of filial piety and big burial ceremonies. Therefore, ancient ancestral temples and tomb buildings in China are quite developed. China's patriarchal ethics have also influenced the tombs of emperors. They attract people's attention with their grand scale and their solemn and respectful atmosphere.

Confucianism has profoundly influenced vernacular dwellings' space design. Ancient Chinese vernacular dwellings are mostly Tingyuan buildings (courtyards surrounded by buildings). Basically, their layout is also that the principal buildings are situated on the central axis, while the wing buildings are placed on either side of the central axis. As a result, many Tingyuan buildings constitute architectural complexes. Such buildings are represented by Beijing Siheyuan (quadrangle courtyard).

Generally speaking, traditional Chinese architecture are primarily composed of wood, bricks and tiles. The wood frame structure is the main structural pattern, and the layout has a concise organization, strict planning, beautiful shape and colorful decoration, which particularly focuses on the coordination with the surrounding natural environment. People can see the cultural connotations of ancient China from such architectural features. For example, ancient Chinese architecture has made the greatest achievements in the design of palaces and capital cities, which is an embodiment of supreme imperial power and a rigid hierarchy. What's more, ancient Chinese architecture emphasize the coordination with nature, the respect for nature and the traditional thinking of "heaven and man as an entity." Additionally, great attention is paid to the pursuit of neutral, easy, reserved and deep esthetic characters. Therefore, ancient Chinese architectural art is an important embodiment of the Chinese people's ethics, sense of aesthetics, values and outlook on nature.

Ⅰ. Palaces

Palaces are one of the most mature, and the largest types of buildings in ancient China, which represent the supreme achievement. They are reflections of the importance of social orders in traditional Chinese culture. To show the emperor's authority, the characteristics of palaces are tall, large, deep and solemn.

Epang Palace

After Emperor Qinshihuang unified six states, he commanded to build Epang Palace. According to the historical records, the Epang Palace "extended five li from east to west and a thonsand paces from north to south." Later, due to the fall of the Qin Dynasty, the Epang Palace was not fully completed. It is said that there were more than 700 palaces of various sizes in the Epang Palace, and the climates in different palaces varied within a single day. The Epang Palace is known as the "No. 1 Palace under Heaven." It is a landmark building symbolizing China's first unification and also a tangible symbol of the beginning of the formation of the Chinese nation.

The Imperial Palace

The Imperial Palace, also known as the Forbidden City, is the palace for the emperors of the Ming and Qing dynasties. It is the largest and most complete palace complex of buildings in ancient China and also the best in the ancient world's architecture. Built by the Emperor Yongle of the Ming Dynasty in 1406, it took 14 years to almost complete. Though experiencing the restoration and extension during the Ming and Qing dynasties, all buildings in the Imperial Palace remained in the original layout. Made of more than seventy palaces of various sizes, the Imperial Palace is divided into two major parts, the Outer Court and the Inner Court. The major buildings of the Outer Court are the Hall of Supreme Harmony, the Hall of Central Harmony, and the Hall of Preserving Harmony. At the centre of the Inner Court is another set of three halls, including the Palace of Heavenly Purity, the Hall of Union and the Palace of Earthly Tranquility.

The Imperial Palace symbolizes the highest achievement of ancient Chinese architecture. In terms of architectural layout, it emphasizes the ideology of "integrity and righteousness," which follows the principle of the symmetrical central axis. It means that the most important buildings are situated on the central axis, while the less important ones are laid out on either side of the central axis. There is a straight central axis connecting these gates, from Tian'anmen, Duanmen, Meridian Gate to the Taihe Gate. This long central line and gates vary in design and rhythm, which has far-reaching and lasting effects on people.

Ⅱ. Mausoleums

Imperial mausoleums in ancient China also feature grand scales and rigorous layouts, so as to show the majesty of the deceased emperors. The imperial mausoleums reflected the eternal tranquillity through earth, not through the golden roof to show the glory of the world. The imperial mausolenms were either built into mountains, as seen with the Qianling Mausoleum of the Tang Dynasty, or mounds of earth were created and trees planted to resemble mountains, such as the Emperor Qinshihuang's Mausoleum Site. The features of the construction on the ground are still tall, large, and deep. For example, the Qianling Mausoleum, in which Wu Zetian was interred in a joint burial with Emperor Gaozong, is located on Mount Liang—it is the feature of being tall. There is a square-like tomb wall enclosed by the underground palace and the main peak, but the first gate to enter the Qianling Mausoleum is at the foot of the mountain far away from the Zhuque Gate—it is the feature of being large. Four gates need to be walked through from the first gate to the tomb gate of the underground palace with a distance of about four kilometers—it is the feature of being deep.

The Ming Tombs

In terms of ancient mausoleum buildings, the most representative one is the Ming Tombs, the location of the mausoleums of 13 emperors of the Ming Dynasty, which are the best representative of the imperial mausoleum group in feudal China. The Tianshou Mountain, where the Ming Tombs are located, is within Changping District, Beijing. The mountains wind and connect each other, forming a horseshoe shape that opens towards the south. The Changling Tomb of Emperor Chengzu is located at the southern foot of the main peak. The Ming Tombs adopt the method of construction placing the Changling Tomb of Emperor Chengzu at the center. Apart from the Changling Tomb, another 12 tombs are scattered along the two sides of the horseshoe, forming a unified and large-scale mausoleum. The thirteen tombs are constructed on the back of the mountains. The design and arrangement of all 13 mausoleums are very alike, besides they differ in size and structural complexity. All the buildings in the mausoleum are constructed with white terraces, red walls, red columns and yellow tiles. Pine and cypress trees are planted both inside and outside the courtyards and on the tomb mounds, emphasizing the royal atmosphere and commemorative significance.

Ⅲ. Buddhist Architecture

Buddhist architecture is a major type in China's religious buildings, which is also an important component of ancient Chinese architectural art. Temples, pagodas and grottoes are known as the three major Buddhist buildings. They show the development of the culture of ancient Chinese society, having important historical and artistic values.

Temples

It's commonly believed that Buddhism was first introduced to China nearly in the first century CE from India. And then Buddhist temples emerged. Thanks to well established Chinese architectural system, the craftsmen not only accumulated rich technical and artistic experience but also built many ritual and ceremonial buildings and high-rise pavilions. Because of these traditional factors, the development of Buddhist temples has conformed to the process of Buddhism's sinicization, which gradually has its own characteristics in China.

The courtyard layout of traditional Chinese architecture was employed to build Buddhist temples in which single buildings mainly adopted the method of timber framing, except some pagodas with masonry structures that imitated buildings with wooden structures. Buddhist temples and ancient secular architecture don't make a great deal of difference artistically. Today, In addition to still being places for religious activity, temples in China are also to a large extent of cultural and tourist characteristics.

Pagodas

During the process of development and evolution in China, Buddhist pagodas have also incorporated the characteristics of the nation's architectural art. Buddhist pagodas feature appropriate proportions, precise structures, and are grand and magnificent, exuding a serene and leisurely atmosphere, which gives people a lofty aesthetic feeling. When ancient Chinese architects built Buddhist pagodas, they often ingeniously integrated them with the natural scenery, making the pagodas play a certain decorative role both in the groups of Buddhist temples and the outline of cities, thus achieving an aesthetic realm where artistic beauty and natural beauty set each other off.

Grottoes

Buddhist grottoes emerged in India for the first time. Grottoes in ancient China were initially excavated following the system of Indian grottoes. The most famous grottoes in China are Mogao Caves in Dunhuang, Gansu Province, the Yungang Grottoes in Datong, Shanxi Province, the Longmen Grottoes in Luoyang, Henan Province and the Maijishan Grottoes in Tianshui, Gansu Province.

Located in the western part of Gansu province, the Mogao Caves, also known as the Thousand Buddha Grottoes, are the biggest grottoes with the broadest content in China. With a length of more than 1,600 meters from north to south, the Mogao Caves preserves presently 492 caves, housing about 45,000 square meters of mural paintings and more than 2,400 painted sculptures. Therefore, the Caves are also called "the art museum of ancient China," and it is a great miracle in the history of world art.

The Yungang Grottoes are famous for the magnificent stone carvings. There are 45 major existing caves, along with more than 59,000 Buddha statues. The Yungang Grottoes are a rarity of stone carvings art in China.

Located in Luoyang in Henan province, the construction of the Longmen Grottoes began before the Emperor Xiaowen of Northern Wei moved the capital from Pingcheng (in modern Datong, Shanxi) to Luoyang. Altogether there are over 2,300 niches and more than ten thousand statues of the Buddha. The Longmen Grottoes are the culmination of China's grotto art.

Located in the Maiji Mountain, about 35 km southeast of Tianshui city, Gansu province, the Maijishan Grottoes began to be constructed during the Later Qin period of the Sixteen Kingdoms. Because the structure of the stone is loose, the Maiji Mountain is not easy to carve deliberately. Therefore, the Buddha statues are mostly carved clay sculptures. More than 200 caves have housed a large number of exquisite statues and physical materials, which greatly enriches the history of ancient Chinese art.

Ⅳ. Gardens

Chinese gardens can be traced back to Yuanyou (a place for emperors' hunting and entertainment) at the beginning of the Western Zhou Dynasty. The development and expansion of gardens was from the Spring and Autumn Period to the Qin and Han dynasties. At this time, the function and purpose of the garden, the same as those of the palace, was to show the majesty of the emperors. Since the Wei and Jin dynasties, scholarly gardens have emerged, and Chinese gardens began to develop their own unique style. Chinese gardens focus on aesthetic interests, and the aesthetic interests mainly reflect natural beauty. Ting (pavilions), Tai (terraces), Lou (multi-storey buildings) and Ge (two-storey pavilions) are built based on the natural environment, showing superb craftsmanship. Lang (corridors), Xie (pavilions or houses on terraces), Tai (terraces) and Chi (pond), mountains, rocks, flowers and trees are all arranged in consideration of emotional exchanges between man and nature.

Ting

Ting, or pavilion, is a small sightseeing building in China. In garden architecture, a pavilion should not only be able to form a scenic spot and become an object for people to admire, but also be able to offer a beautiful view, thus attracting people to stop and stay. The history of the pavilion can be traced back to the Shang and Zhou dynasties. After the Sui and Tang dynasties, pavilions became indispensable buildings in palaces and gardens architecture. In the Ming and Qing dynasties, there were a large number of pavilions with various forms. There are various roof styles in pavilions, mostly Zanjian roof (which is typically topped with a knob). These roofs could also be changed by applying to other roof forms, including Xieshan roofs(with two curring sides), cross-ridge roofs and Zanjian roofs with double circles, which are divided into two types, single-eave and muti-eave.

Tai

Tai, also known as platform, is a traditional building that is high and flat in ancient China. It is generally made up of earth, stones and bricks, and used for overlooking or sightseeing. In fact, many famous ancient platforms are not just isolated. They often have palace gardens built on them. Tai was also used to observe astronomy and meteorology, called the observatory. For example, there is a high platform building made up of bricks near Jianguo Gate in Beijing. On the platform, there are large copper astronomical instruments on display. This place was the astronomical observation center of the Ming and Qing dynasties. In addition, the platforms that help deliver military messages is called beacon towers. There are many beacon towers inside and outside the Great Wall. In ancient times, if intruders approached, soldiers on the tower would create smoke in the daytime and light a fire at night to pass military messages. The rectangular beacon towers of the Great Wall were built every 300 to 400 meters where soldiers kept watching and patrolling. Today, many platforms made up of earth can still be seen on the "Silk Road," all of which are ancient military buildings.

Lou

Lou refers to multi-storey wooden structural building in ancient China. Multi-storey building has a long history in China. Since the Warring States Period, Chongwu Lou (double-storey building) has appeared, which is what people often refer to as a multi-storey building today. Buildings built in gardens are usually used for viewing the scenery. As the famous poet Wang Zhihuan in the Tang Dynasty wrote the famous verses in "Climbing Stork Tower": "Yearning to see a thousand miles further? Just climb one more storey." In ancient China, the bell tower and the drum tower were generally built in cities and towns. They adopted Xieshan roofs with glazed tiles, surrounded by enclosing corridors and decorated with bracket-block cluster on exterior eaves. Bell and Drum Towers were used to announce the time in ancient times. The so-called "a morning bell and a dusk drum" refers to the custom of the guard opening the city gates on the toll of the morning bell and closing them on the strike of the dusk drum. In ancient China, there were Jianlou (arrow towers) often built on city walls. Well-known examples include the Zhengyangmen Arrow Tower in Beijing.

Ge

The structure of Ge is similar to that of Lou with doors and windows on the front and solid walls on the other three sides, usually enclosed by Geshan (a kind of wooden door for separating the inner space) or balustrade corridors. In ancient China, Ge was often used for collecting valuable cultural relics, but Ge in the gardens was used to enjoy the scenery. In some religious architectural complexes in China, multi-storey buildings where big and tall Buddha statues are enshrined are usually also called Ge. Among them, The famous ones include the Guanyin Pavilion in Dule Temple, the Tower of Buddhist Incense in the Summer Palace, the Dacheng Pavilion in the Puning Temple and the Zhenwu Pavilion in Rongxian County, Guangxi Province. These pavilions feature tall and stately shapes and are the representative works of China's multi-storey wooden architecture.

The Summer Palace

Built in the area around present-day Beijing's Haidian District, the Summer Palace, originally named Qingyi Yuan or the Garden of Clear Ripples, was an imperial garden first constructed in 1750 by Emperor Qianlong. This large imperial garden with a reputation for majestic lakes and mountains in the world covers a total area of more than 3 square kilometers, three-fourths of it being water. The palaces, temples and garden buildings surrounded by the mountains and lakes can be divided into three sectors: the imperial court area, the residential area and the sightseeing area. Thanks to its ingenious design and delicate architecture, the Summer Palace epitomizes Chinese garden art, known as the "Royal Garden Museum." In 1961, the Summer Palace was listed as one of the first batch of national key protected cultural relic units in China.

In 1900, the forces of the Eight-Nation Alliance invaded Beijing and entered the Summer Palace, where they carried out wanton looting, causing severe damage to the Summer Palace. After the foundation of the People's Republic of China in 1949, the Summer Palace has been gradually renovated and become a famous tourist attraction.

Classical Gardens of Suzhou

Classical gardens of Suzhou, also known as "Suzhou gardens," are the general term for the Chinese classical gardens within the territory of Suzhou City, Jiangsu Province. Suzhou Gardens have focused on the harmony between civilization and art, characterized by their fine blend of delicacy, subtlety and elegance, representing a spirit of freedom with vivid expression and bold outlines.

Suzhou Gardens cover a small area, adopting an infinite and eclectic artistic approach, embodying the charm of Chinese landscapes flowers and birds, as well as conveying the artistic conception of Tang and Song poetry. The Gardens are dotted with rockery and trees, and the pavilions, flowing water and bridges are arranged in a limited space. Such a design enables Suzhou Gardens to win over visitors with their scenic beauty, and each garden has its unique scenery, making the artistic effect of "seeing big things through small ones."

Suzhou Gardens are not only a product of historical culture, but also a carrier of traditional Chinese ideological culture. The naming, plaques, couplets on the columns, calligraphic stones, carvings, etc., store a large amount of information of history, culture, thought and science. Their material content and spiritual content are extremely profound and broad. Suzhou Gardens architecture art also enjoys a high reputation around the world. The classic courtyard "the Astor Court" in the Metropolitan Museum of Art in New York City is a reproduction of the Hall for Staying Spring in the Master of the Nets Garden; Sun Yat-Sen Garden in Vancouver, Canada, is based on the Ming Dynasty Suzhou garden style. The United Nations Educational, Scientific and Cultural Organization (UNESCO) also added 9 gardens to its prestigious list of world cultural heritage sites, including Humble Administrator's Garden, Master of Nets Garden, Lingering Garden, Embracing Beauty Mountain Villa, Surging Waves Pavilion, Lion Forest Garden, Couple's Garden Retreat, Yipu Garden (Garden of Cultivation), and Retreat and Reflection Garden.

Ⅴ. Vernacular Dwellings

Vernacular dwellings are an important type of Chinese traditional architecture, which is a significant component of the folk architectural system in ancient Chinese architecture. As the natural and humanistic environments are various in different regions of China, the dwellings in different places also present the diversity of appearances, which are closely reflective of people's state of production, customs and habits, and people's aesthetic orientation.

Beijing Siheyuan

Beijing Siheyuan, or quadrangle courtyard, is a type of inner courtyard house enclosed by houses in four directions. Since Beijing was formally established as the capital in the Yuan Dynasty, the quadrangle courtyards have appeared together with Beijing's palaces, Yashu, neighbourhoods, alleys and Hutong (a type of narrow street). The composition of the quadrangle courtyards has its unique features. With a spacious courtyard, its houses on four sides are independent, connected by decorated pathways, so it is convenient for people to live in. Enclosed courtyard houses are very private, and there are different scenes behind the closed doors. Inside the courtyard, all the doors on four sides face the courtyard. Residents can plant trees and flowers, feed birds and fishes, and appreciate the landscape of overlapping stones in a spacious compound, in order to enjoy the beauty of nature.

Although the quadrangle courtyards are a type of residential building, they contain profound cultural connotations and are the carrier of traditional Chinese culture. The decorations, carvings, color paintings of the courtyard also reflect folk customs and traditional culture everywhere, showing people's pursuit of happiness, beauty, wealth and auspiciousness. The auspicious words embedded in doorways, the couplets with pillars attached to the eaves, and the excellent paintings and calligraphy hanging in the interior collect ancient and philosophical precepts and adopt ancient and modern famous phrases. They eulogize the beauty of mountains and rivers, inscribe the study of life, or extol noble aspirations. These quadrangle courtyards are elegant and full of rich cultural atmosphere, which seems like a palace of traditional Chinese culture.

Shanghai Longtang

Longtang, or alley, is a unique type of vernacular dwelling in Shanghai. It is the most important part of modern Shanghai. The old alleys in Shanghai are generally Shikumen style buildings. The residential buildings in Shikumen Lilong (lanes and alleys) are mostly of the brick-wood post-and-beam structure. Its layout and space are similar to the traditional two-storeyed Sanheyuan or Siheyuan in the Jiangnan region. Although this kind of residence does not have the characteristics of multiple successive courtyards with a sense of depth, it still maintains a regular and centered living room, a quiet inner chamber, and common side houses. This kind of residence also maintains enclosed characteristics of Chinese traditional vernacular dwellings. It is located in the downtown, but it becomes self-contained when closing the door.

Yaodong

Yaodong, also called cave dwelling, is a particular form of vernacular dwelling in the Loess Plateau in China's north. From the outside, traditional cave dwellings look like a circular arch. Such a design also makes the cave dwellings warm in winter and cool in summer, which is comfortable for people to live in and energy-saving. The traditional space is permeated with harmony with nature, and the simple appearance of the cave-dwellings also has a unique style in terms of architectural aesthetics. The arched openings are often made of latticework composed of beautiful patterns. The Loess Plateau is crisscrossed with gullies and has a monotonous color palette, so the hostesses of the cave dwellings often decorate their caves with paper-cuts in order to beautify their living environment. The window is the main light source of cave dwelling. As the window flowers paste on the outside of the window, the color is bright from the outside while it is very delightful and comfortable from the inside, thus producing a unique beauty of form integrating light, color and hue.

Exercises

Ⅰ. Explain the following terms.

1. Epang Palace
2. The Ming Tombs
3. The Qianling Mausoleum

4. The Summer Palace

5. Shikumen

Ⅱ. Think about the following questions.

1. What are the general characteristics of Chinese traditional architecture? What kind of philosophical implication does it reflect?

2. How can we evaluate the aesthetic and artistic value of ancient Chinese stone grottoes?

Chapter 9

Traditional Chinese Cooking Culture and Festival Celebrations

Ⅰ. Traditional Chinese Cooking Culture

Cooking is a highlight of the traditional Chinese culture. *The Book of Rites* recorded that the foundation of ritual began with food and drink, which means that, when people have enough to eat and wear, they fall to considering the rites. Chinese cuisine condensed the rich Chinese traditional essence, including aesthetic taste, life attitude and other aspects. Chinese cuisine is not only of superb cooking techniques but also emphasizes the aesthetic of dishes, pursuing the coordination of color, smell, taste, appearance and dishes, and often giving people high unification of both spirit and physics.

The Eight Great Cuisines of China

The Eight Great Cuisines of China are widely accepted by people, respectively Lu Cuisine, Chuan Cuisine, Yue Cuisine, Min Cuisine, Su Cuisine, Zhe Cuisine, Xiang Cuisine, and Hui Cuisine. The formation of cuisines is influenced by natural geography, climatic conditions, resources, specialities and eating habits, also associated with the long history of local region. The Eight Great Cuisines, with distinct features, are unique and have their own advantages.

Lu Cuisine, which stands for Shandong Cuisine, is mainly composed of two sub-regional styles: Jinan and Jiaodong. The origin of Lu Cuisine can be traced back to the Spring and Autumn Period and the Warring States Period, and it has developed through successive dynasties to become one of the major schools of

Chinese cuisine. Since the Song Dynasty, Lu Cuisine has become the representative of "northern food" with the features of strict selection of raw materials, excellent cutting skills, good taste with refreshing, crisp and tender. Lu Cuisine is famous for seafood cooking. The masterly cooking techniques include quick-frying, stir-frying, braising, deep-frying, quick-frying with cornstarch sauce, stewing, simmering and so on. It puts emphasis on two types of broths, light and milky. The former is known for its clearness and freshness, while the latter is famous for its rich taste and milky white color. During the Ming and Qing dynasties, Lu Cuisine, listed as the staple of imperial food, gradually spread and influenced northeast China, as well as Beijing and Tianjin. The signature dishes include Stir-Fried Large Yellow River Carp with Sugar and Vinegar, Quick-Fried Double Crunchy Delicacies in Soup, Quick-Boiled Conchs and so on.

Chuan Cuisine, also known as Sichuan Cuisine, consists mainly of Chengdu Cuisine, Chongqing Cuisine and Zigong Cuisine. Chuan cuisine took shape in the period of Pre-Qin and Han, and had a great influence in the Song Dynasty. Chuan Cuisine is, characterized by a high oil content and rich flavors, especially famous for its pungency and spiciness. Common preparation techniques in Chuan Cuisine include stir-frying, roasting, drying and smoking. Chili pepper, Sichuan pepper, pepper and ginger are the main seasonings. Based on the five flavors of salty, sweet, tingling, spicy and sour, Chuan Cuisine uses a variety of seasonings to form new complex flavors, such as home-style, salty and umami, and fish flavor. The representative dishes in Chuan Cuisine include Mapo Tofu, Sliced Beef in Chili Sauce and Steamed Beaf in Small Bamboo Steamer and so on.

Yue Cuisine, also known as Cantonese Cuisine, is mainly composed of local flavor dishes from places such as Guangzhou and Chaozhou. Yue Cuisine was deeply influenced by the imperial chefs in the Southern Song Dynasty. During the Ming and Qing dynasties, with the rapid development of foreign trade and exchanges, Yue Cuisine gradually absorbed some specialties from Western-style food and then formed its unique characteristics. Yue Cuisine selects a wide and diverse range of ingredients, which are always fresh. The flavour of Yue Cuisine varies with the changes of seasons, that is, the strong flavor in spring and winter and the light flavor in summer and autumn. The cooking methods include stewing, pickling and braising. Yue Cuisine has its own unique seasonings, such as oyster sauce, sugar and vinegar, fruit juice, plum sauce, fish sauce, fermented soybean juice and so on. Famous dishes include Fried Beef in Oyster Sauce, Roast Suckling Pig, etc.

Min Cuisine, also known as Fujian Cuisine, is mainly composed of Fuzhou Cuisine, Quanzhou Cuisine, Zhangzhou Cuisine and Xiamen Cuisine, which is famous for its aesthetic appearance and refreshing and light taste. The cooking methods mainly include stir-frying, deep-frying and stir-frying over high heat. Various dishes of Min Cuisine are predominantly cooked with seafood as their main ingredients, including conger eel, razor clam, sleeve-fish, yellow croaker, sea cucumber, etc. The taste of Min Cuisine is often with an equally mixed taste of sweet and sour, and it is often seasoned with red vinasse. Min Cuisine has a lot of famous dishes, such as Buddha Skipping the Wall, Fragrant Snails in Wine, Sliced Wined Chicken, etc.

Su Cuisine is also known as Jiangsu cuisine, composed of the local flavors of Suzhou, Yangzhou, Nanjing, Zhenjiang and some other local places. Su Cuisine originated in the Northern and Southern Dynasties. After the Tang and Song dynasties, it became one of the representatives of "Southern Food," just like Zhe Cuisine. Fish and crabs as the main ingredients, it is famous for its light taste and exquisite presentation. The cooking techniques are frying, sautéing, boiling, braising, roasting and steaming. The dishes are characterized by their fragrance, freshness, crispness, tenderness and brittleness, and ornament to various dishes. Su Cusine is rigorous in the selection of ingredients, attaches great importance to dishes' color matching and modeling, and uses plenty of seasonings to highlight the original taste and flavour, which varies according to the seasonal change. The color of the dishes is light in summer and thick in winter. Su Cuisine is aesthetically pleasing in appearance. By applying techniques such as cutting, cooking, plate loading, ornamenting, as well as engraving, wrapping, rolling and brewing, it makes the dishes' color, aroma and taste perfect. Notable hot dishes include Three Covering Duck and Three Stews of Nanjing. Cold dishes include Yipu Colorful Flower Basket (carved turnips into various flowers) and so on.

Zhe Cuisine, also called Zhejiang cuisine, mainly includes the specialities of Hangzhou, Ningbo, Shaoxing and Wenzhou in Zhejiang Province. It stresses exquisite workmanship and various cooking methods. The flavor of Zhe Cuisine is light, fresh, crispy and tender. Zhe Cuisine specializes in quick-frying, stir-frying, deep-frying, and simmering. The famous dishes of Zhe Cuisine include West Lake Fish in Vinegar, Stir-fried Eel Pieces, Dongpo Pork, and so on.

Xiang Cuisine, also known as Hunan Cuisine, mainly consists of the cuisines of Xiang River region, Dongting Lake region and western Hunan Province in China. With multiple ingredients, Xiang cuisine has deep color, characterized by the tastes of fresh aroma, spicy and sour tastes. The main cooking methods are braising, steaming, stewing, smoking and frying. Some well-known dishes include Fried Chicken with Sichuan Spicy Sauce, Steamed Preserved Meats, Lotus Seeds in Rock Sugar Syrup, and Red Peppers Stuffed with Pork, etc.

Hui Cuisine, commonly known as Anhui Cuisine, mainly comprises the specialities of regions along the Yangtze River, Huaihe River and Huizhou. Hui Cuisine has a relatively strong flavor profile. It emphasizes the use of a large amount of oil, rich dark sauce color, and pays great attention to the control of cooking heat. The taste is mellow, and it retains the original flavor of the ingredients. Cooking techniques mainly include stewing, roasting and smoking. Hui Cuisine has a lot of representative dishes, such as Fuliji-Style Red-Roasted Chicken, Chicken Cooked with Pickled Cabbage and Winter Bamboo Shoots and so on.

Dietotherapy and Medicated Diet

Dietotherapy and medicated diet aim to treat and prevent diseases with food as medicine. In traditional Chinese medicine and pharmacy, medicine can be added in the meals and food can also be used as medicine, thus dietotherapy and medicated diet emerged. There is an old saying in Chinese folk that "dietary nourishment is better than medicinal nourishment, and food therapy is better than medical treatment." Food therapy is very popular among Chinese people. The unity of medicine and food and the interconnection of medicine and cooking were formed as a tradition as early as the Zhou Dynasty. In ancient books, there are many treatises on food therapy. Both *Qianjin Yaofang* (*Thousand Golden Essential Prescriptions*) and *Qianjin Yifang* (*Supplement to the Invaluable Prescriptions*), written by Sun Simiao, a medical scientist in the Tang Dynasty, have special chapters on this. Sun believed that people's health should be based on a reasonable diet instead of taking medicine without authorization. His viewpoint on food therapy has exerted a profound influence on the methods of food therapy and the preparation of medicated diet in China. Gradually, food therapy and medicated diet have become popular ways of strengthening the body and preventing and curing diseases. Among the Chinese people, it is widely known that using daily food can prevent and cure diseases. Seasonings such as salt, vinegar, ginger, onion and garlic also have the effects of dietary therapy, and they have been developing with practice.

Medicated diet means to use medicine as food, taking medicine instead of eating meals to cure and prevent diseases. Medicated diet has been passed down from ancient times to the present and is becoming more and more popular. Common foods are porridge, pastry, soup and so on. For example, Child Porridge, made from yam, coix seed, dried persimmon and other rice porridge, can be used to treat children's spleen and stomach weakness. Chuanbei and Tangerine Peel Soup can be used to cure cold and cough, and sick and old people can eat Ginseng Juice Soup to nourish and preserve their health. Chinese medicated food is not only popular at home, but have exerted extensive influence globally. Chinese medicinal foods and drinks, such as orange peel tea, Poria Cake and chrysanthemum wine, are penetrating into the food culture of people in other countries.

Tea

China is the hometown of tea. Tea making and drinking has experienced a history of thousands of years. Thus, tea has become a part of Chinese cuisine culture.

Tea drinking can be traced back to the Western Han Dynasty. Since the Wei and Jin dynasties, tea has become a good drink in banquets, just like wine. After the Tang Dynasty, tea drinking became more common. After the spread of Lu Yu's *The Classic of Tea*, tea drinking became prevalent at all levels of society. Tea was successively exported to other regions of Asia starting from around the 5th century. It was brought to Europe by the Dutch in the 17th century, and subsequently spread to the whole world by the British. Nowadays, Chinese tea has been classified into six major categories, namely green tea, black tea, oolong tea, yellow tea, dark tea and white tea.

Tea is an indispensable part of Chinese people's life. In the development history of tea, Lu Yu in the Tang Dynasty and his work *The Classic of Tea* have excerted an extremely profound influence on Chinese and world tea culture. *The Classic of Tea* made a detailed discussion on the history, origin, effects, cultivation, harvesting and the methods of boiling and drinking of tea in and before the Tang Dynasty. It is the most complete book on tea in ancient China. According to *The Classic of Tea*, the traditional Chinese tea ceremony in ancient China had formed a complete system by the middle of Tang. There were clear and rigorous standards for tea picking, tea making, tea boiling and tea drinking. Since *The Classic of Tea* came out, the tea culture has developed rapidly. Up to now, it has made a great influence both home and abroad. There are many collections and translations of *The Classic of Tea* in Japan, Republic of Korea, the United States, the United Kingdom and many other countries. Later generations also honored Lu Yu as "Sage of Tea."

Liquor

Liquor is one of the main beverages in human life. China has a long history of making liquor and has a wide variety of liquors, many of which are renowned at home and abroad. Chinese liquor culture has permeated the whole history of Chinese civilization for thousand years, and has played an important role in various aspects in Chinese people's life, including literary, artistic creation, cultural entertainment, and diet cooking and health care.

In ancient Chinese legends, Du Kang was regarded as the inventor of liquor-making. He created the method for making sorghum wine and was honored as "God of Wine" and "Ancestor of Wine" by later generations. China is not only the hometown of liquors, but also the country of poems. Since poem emerged, it has forged an indissoluble bond with liquors. In classical Chinese literature, liquors become a frequent subject of literary expression. using liquors to admonish the world, express pride, dispel worries, conceal oneself, defy conventions, and display the elegance of scholars has become an eternal theme. Throughout the history of Chinese literature, there are a lot of outstanding works related to liquors. Through the ages, in the process of the formation of Chinese poem and liquor culture, many much-told tales emerged and have been handed down to this day. A large number of literati and poets have great interest in liquors. Based on the affections of liquors, they had a flow of ideas in literary creation and made multiple wonderful poems. During the Wei and Jin dynasties, there emerged some widely spreading sentences, such as "Enjoy wine and songs while we can, for life is short" and "Nothing can dispel my woe, save Du Kang, the god of wine," both written by Cao Cao, a Chinese statesman and poet. In the Tang Dynasty, poetry flourished and poets developed a prevalent and intense fondness for alcohol. Among them, Li Bai, the Poetry Immortal, is the representative who likes boozing. It is recorded in "Song of Eight Drinking Immortals" created by Du Fu, that "Li Bai makes a hundred poems out of one quart of ale, in the marketplace of Chang'an he sleeps in the tavern. The Son of Heaven called him to come, he wouldn't get on the boat, and he declared himself as an immortal in his ale. " In the Northern Song, when Su Shi was slightly drunk on the Mid-Autumn Festival, he got poetic and wrote down an eternal masterpiece named "Prelude to Water Melody," with a solemn and stirring style. From the imperial court to the common folk, wine and poetry have long been an indispensable part of the spiritual life of ancient Chinese people.

Ⅱ. Traditional Chinese Festival Celebration

Traditional Chinese festivals, diversified in forms and rich in contents, are the components of Chinese profound historical culture. Originally, the contents of the festival activities are related to primitive worship, legends and myths, etc. , and the holding time is mostly connected with astronomy, calendar, and solar terms. The traditional festivals that have evolved from ancient times clearly record the rich and colorful cultural life of the ancestors of the Chinese nation, and they possess profound historical and cultural connotations. China has various ethnic groups, and each group has its own culture, customs as well as multiple ethnic festivals. Presented here are some of the larger traditional festivals and related cultural conventions of Han people.

Traditional Festivals

- The Spring Festival

The first day of the first lunar month is the Spring Festival, also named the Chinese New Year. It is the most important and bustling festival among Chinese people. New Year's Eve, the night of the final day of the last lunar year, has a very nice name for the night of reunion. To stay up to see the year out is one of the most important common customs. On New Year's Eve, all the family members will sit together to have a sumptuous dinner, enjoying themselves. It is a custom that people eat dumplings (Jiaozi) in northern China, which implies the meaning of the transition of the old year to the new year (Gengsui Jiaozi) . While in Southern China, people prefer eating rice cake, because the sweet rice cake symbolizes the sweet life and making steady progress in the coming year.

With a profound history, the Spring Festival originated from the worship activities at the end of years in ancient times. There are some tales related to the origin of the Spring Festival, among which the famous is the story of beast Nian. According to the legend, there was a fierce beast named Nian, with horns on the head. Nian always came out of its hiding place to eat domestic animals and humans every New Year's Eve. Later, people found out that Nian was afraid of loud banging sounds and everything with red color, including flame, so Chinese people would put red lanterns and spring scrolls on their windows and doors and set off firecrackers in order to intimidate Nian. Spring Festival couplets are composed of a pair of vertical couplets and a horizontal scroll. The upper and lower couplets have the same number of characters, corresponding structures, and harmonious rhythms. They mostly consist of five-character or seven-character lines. The content often involves historical allusions, poems, folklores, etc. , and contains profound cultural values. Spring Festival couplets, with their neatly antithetical and concise and ingenious words, depict beautiful images and express good wishes. They are a unique literary form of the Chinese nation.

• The Qingming Festival

The Qingming Festival falls between April 4th and 6th every year. It is not only a natural solar term point but also an important traditional festival of the Chinese nation. In ancient Chinese legends, the Qingming Festival is related to Jie Zitui, a minister of the State of Jin. It is said that during the Spring and Autumn Period, Jie Zitui accompanied Chong'er (later Duke Wen of Jin) in exile. Once, Jie Zitui cut off a piece of his own flesh to feed Chong'er when he was in extreme hunger. After Chong'er restored his state and rewarded his meritorious officials, he alone forgot about Jie Zitui. So Jie Zitui, together with his mother, secluded themselves in Mianshan Mountain. Duke Wen of Jin set fire to the mountain to force him out, but Jie Zitui and his mother clung to a tree and died. In memory of him, Duke Wen designated the day of setting fire to the mountain as the Cold Food Festival. The next day, when he offered sacrifices on the mountain and saw a withered willow tree come back to life, he designated that day as the Qingming Festival.

The Qingming Festival is an important traditional festival of the Chinese nation. Although the customs vary from place to place, ancestor worship, tomb sweeping, and spring outings are the basic themes. The Qingming Festival reflects the traditional virtues of the Chinese nation, such as attaching great importance to filial piety and carefully commemorating the deceased and remembering the past. It maintains the inheritance of family blood relations and the national spirit.

• The Dragon Boat Festival

The fifth day of the fifth lunar month is the traditional Chinese festival—the Dragon Boat Festival, also called Duanwu Festival. There are many theories about the origin and evolution of the Dragon Boat Festival. Among them, to commemorate Qu Yuan, a famous minister of the State of Chu in the Spring and

Autumn Period, is the most popular.

Qu Yuan was a native of the State of Chu during the Warring States period. Falsely accused, he was sent into exile to the basins of the Yuan River and Xiang River by the same king he had tried to help. In his exile, he wrote great poetry in Chinese literature and expressed deep concerns about his state. *Lisao* is the most famous among his works. Later, in 278 BCE, when he heard the news that the state of Qin had defeated his motherland, the State of Chu, he was full of grief and felt that he had no power to save his motherland, so he drowned himself in the Miluo River. It was the fifth day of the fifth lunar month. As the legend has it, civilians were heart-stricken when hearing about this tragedy and came to the Miluo River to mourn him voluntarily. The local people living beside the river went out in their boats to try to find his corpse. In order to keep the fish and shrimps from eating his corpse, a fisherman threw some rice rolls, eggs and other food into the Miluo River to feed them. People imitated his behavior after seeing this. An old doctor took a jar of realgar wine and poured it into the river, hoping to turn all aquatic beasts drunk. In order to prevent aquatic beasts from eating rice rolls, people dropped balls of sticky rice wrapped in bamboo leaves and five-colored threads, which came to be known as Zongzi. In this way, on the Dragon Boat Festival every year, the customs of dragon boat racing, eating Zongzi and drinking realgar wine have come into being.

• The Mid-Autumn Festival

The Mid-Autumn Festival is also known as the August Festival and the Reunion Festival. The festival is held on the 15th day of the 8th lunar month, conciding with the middle of the autumn season, hence the name Mid-Autumn Festival. The Mid-Autumn Festival originated from the ancient people's worship of celestial phenomena and evolved from the autumn evening moon sacrifice in ancient times. Admiring the moon is an important custom of the Mid-Autumn Festival. Numerous mythical stories, such as "Chang'e Flying to the Moon," "Wu Gang Felling the Laurel Tree," " the Jade Rabbit Pounding Medicine," and "Emperor Minghuang of the Tang Dynasty Visiting the Lunar Palace at Night," endow the Mid-Autumn Festival with a romantic charm and inject it with rich cultural connotations. Mooncakes are an important traditional delicacy of the Mid-Autumn Festival. Customs such as admiring the moon, eating mooncakes, and having a reunion dinner on the Mid-Autumn Festival have been passed down from ancient times to the present day.

• The Double Ninth Festival

The Double Ninth Festival, a traditional Chinese holiday, is observed on the ninth day of the ninth month in the Chinese calendar. In ancient China, the number six was regarded as a Yin (negative) number, while the number nine was a Yang (positive) number. Since the ninth day of the ninth lunar month has two nines overlapping, it is called "Chongyang" (double Yang in Chinese). In the concept of folk customs, "nine" is the largest number among digits, symbolizing longevity and a long life. Therefore, the Double Ninth Festival is also known as the "Seniors' Festival." On this day, there are important customs such as wearing dogwood, climbing mountains, eating Double Ninth cakes, admiring chrysanthemums, and drinking chrysanthemum wine.

Exercises

Ⅰ. Explain the following terms.

1. The Eight Great Cuisines of China
2. Medicated Diet
3. *The Classic of Tea*
4. Du Kang
5. The Qingming Festival

Ⅱ. Think abot the following questions.

1. Why is there a close relationship between traditional Chinese literature and the culture of Chinese liquor?

2. What are the main sources of traditional Chinese festivals?

后记

中国传统文化凝聚着千百代人的智慧与创造，是无比富饶的精神宝库，更是人类文明的珍贵遗产。其内涵深邃广博、包罗万象、绚丽多姿，正因如此，想要在有限的时间里洞悉其精髓、精准把握其发展脉络与深厚底蕴，绝非易事。因此，《简明中国传统文化》的编写，于我而言既是一段学术跋涉，又是一场文化寻根之旅。近年来，全球化浪潮与本土意识的碰撞愈发激烈。在这纷繁复杂的现代语境中，有两个关键问题始终萦绕于我心头：其一，如何系统且清晰地梳理中国传统文化的脉络；其二，如何让习惯了“立竿见影”式学习模式的青年学生，在有限时间内深入了解中国传统文化、提升文化修养，并明晰中西文化的借鉴与交融。本书的诞生，源于多年教学实践中的困惑与反思——学生常问：“中国传统文化究竟如何‘活’在当下？”这一问题，成为贯穿全书的隐性主线。

中国传统文化浩瀚如海，从诸子百家到诗词歌赋，从礼乐制度到民间技艺，每一领域皆可自成天地。如何以“简明”之形，既呈现其广度，又深掘其精义，是编写过程中最大的挑战。为此，我尝试以“精神内核”为经线，“文化现象”为纬线，在有限的篇幅中编织一幅立体的文化图景。例如，本书导论部分就首先指出了中国传统文化对于中华民族、当代中国社会乃至全世界的意义、价值和启示，这既是对传统思维整体性的致敬，也为当代读者提供理解文化基因的钥匙。我希望这本教材不仅能为国内外读者提供生动、准确、通俗易懂的中国传统文化介绍，更能帮助他们获得新颖且有深度的认知。

因此，在本书中，我们抓住了中国传统文化中一些最有特色的内容和亮点，尽量用典型材料进行较为具体的介绍，在介绍知识的同时，力求讲出中国传统文化的精神、内在意味与核心价值。此外，我们还特别注意展示中华民族的文化性格，展示中国传统文化中体现的全人类共同价值和现代意蕴。

作为一名英语教师，在多年的教学实践中，我深深感受到学生对于用英语表达与传播中华优秀传统文化能力的欠缺。因此，我由衷希望这本双语教材既能成为年轻人讲好中国故事的得力助手、弘扬中华优秀传统文化的有效媒介，又能激发读者对特定文化领域的探索欲，引导其自主深入钻研。

今日世界，文明对话比任何时候都更加迫切。愿本书不仅能传递知识，更能唤起一种文化自觉。正如费孝通先生所言："各美其美，美人之美，美美与共，天下大同。"中国传统文化的精神底色，或可在此中觅得共鸣。

2025 年 4 月

POSTSCRIPT

Traditional Chinese culture is a rich reservoir of wisdom and creativity accumulated over countless generations, and a precious legacy of human civilization. Precisely because of its profound depth, vast scope, and dazzling diversity, it is challenging to grasp its essence or navigate its intricacies within a limited timeframe. Thus, compiling *A Concise Introduction to Traditional Chinese Culture* has been both an academic journey and a cultural pilgrimage for me. In recent years, the collision between globalization and local identity has intensified. In this complex and diverse modern context, two key issues have always lingered in my mind: firstly, how to systematically and clearly sort out the context of traditional Chinese culture; secondly, how to enable young students who are accustomed to the "instant gratification" learning mode to gain an in-depth understanding of traditional Chinese culture, enhance their cultural cultivation, and have a clear understanding of the mutual reference and integration between Chinese and Western cultures within a limited time. This book emerged from years of teaching experience and reflection. A recurring question of students—"How does traditional Chinese culture remain 'alive' today?"—became the implicit thread weaving through this work.

Traditional Chinese culture is as vast as an ocean. From the Hundred Schools of Thought to poetry and literature, from ritual and musical systems to folk arts, each domain forms its own universe. The greatest challenge in writing this book was balancing conciseness with both breadth and depth. To address this, I structured the text around a "spiritual core" as the warp and "cultural phenomena" as the weft, weaving a multidimensional cultural tapestry within limited space. For example, the first chapter highlights the significance, value, and relevance of traditional Chinese culture to the Chinese nation, contemporary society, and the global community—a tribute to traditional holistic thinking and a key for modern readers to decode cultural DNA. I hope this textbook not only offers an accessible introduction to Chinese culture for global readers but also provides fresh, profound insights.

In this book, we focus on distinctive features and highlights of traditional Chinese culture, using vivid examples and materials to convey not just knowledge but also its spirit, inner subtleties, and core values. Additionally, we emphasize showcasing the cultural temperament of the Chinese nation, and the humanity's common values embedded in Chinese traditions, as well as their modern relevance.

As an English teacher, I have witnessed students' struggles in articulating and disseminating China's excellent traditional culture in English. Therefore, I sincerely hope this bilingual textbook can empower young people to tell China's stories well, serve as a medium for promoting China's excellent traditional culture, and spark curiosity that drives readers to explore specific cultural realms independently.

In today's world, dialogue between civilizations is more urgent than ever. May this book not only transmit knowledge but also awaken cultural consciousness—as sociologist Fei Xiaotong envisioned: "Appreciate your own beauty, respect the beauty of others, and let diverse beauties coexist. Only then can we achieve true harmony." The spiritual essence of traditional Chinese culture may resonate within this vision.

Yuan Xiaolu

April 2025